EA
MALAY
VOCABULARY

By the same author

Malay Made Easy
Malay Pantuns
Malay Proverbs
Haji's Book of Favourite Nursery Rhymes

TIMES LEARN MALAY

EASY MALAY VOCABULARY

1001 Essential Words

Covering both Malaysia and Indonesia

New Edition

A.W. Hamilton

TIMES BOOKS INTERNATIONAL
Singapore • Kuala Lumpur

"Tepak Sirih" picture on the front cover
by courtesy of Royal Selangor Pewter

New Edition 1985
Reprinted 1989, 1991, 1995, 1997

Published by Times Books International
an imprint of Times Editions Pte. Ltd.

Times Centre
1 New Industrial Road, Singapore 536196
Tel: (65) 284 8844   Fax: (65) 285 4871
E-mail: te@corp.tpl.com.sg

Times Subang
Lot 46, Subang Hi-Tech Industrial Park
Batu Tiga, 40000 Shah Alam
Selangor Darul Ehsan, Malaysia
Tel & Fax: (603) 736 3517

Printed by JBW Printers & Binders Pte. Ltd.

ISBN 981 204 300 4

PREFACE

The aim of this Vocabulary is to present the reader with a carefully chosen selection of a thousand and one words which should enable him to converse with any Malay-speaking individual on any topic.

As far as possible the important things come first, so that the beginner is saved from learning at the outset a number of Malay words which are not connected with his daily needs.

The words, together with their essential meanings, are grouped under general subject headings and each exercise is followed by one or more pages of explanations devoted either to derivative meanings or to additional but related words.

The student, after committing to memory the list of words in each main exercise, should read through the explanations and add to his speech such simple terms as he requires at the moment.

As an aid to pronunciation each word in the main exercises is split into syllables and spelt in phonetic form for the benefit of those readers who may be puzzled at first by the Romanized Malay.

The alphabetical glossaries form a pocket dictionary which will enable the reader to find the Malay or English equivalent of any common word. Such English or Dutch words as have been adopted are given in their Malay guise marked with an "E" or "D" for clarity.

Certain Malay terms which are employed in Indonesia but are not generally understood in Malaysia are marked with an "I" whilst those of Javanese origin are shown with a "J". Any Penang words are denoted with a "P" and Chinese loan words with a "C".

The companion volume to this Vocabulary, entitled *Malay Made Easy*, will supply the learner with a simple approach to the grammatical structure of the language and enable him to string together the words which he has acquired in intelligible speech.

A.W.H.

CONTENTS

PRONUNCIATION

Malay when rendered phonetically in Roman letters is termed Romanized Malay, and in the English system of spelling the letters *q*, *v* and *x* are not employed.

The vowels are given their continental sounds, so that

a = ah, **e** = eh, **i** = ee, **o** = oh, **u** = oo.

In an open syllable, unless it be a final one, the vowel is long; whilst in a closed syllable it is always short. An open syllable is one which ends with a vowel, whilst a closed syllable is one which ends with a consonant.

a long as in *father*; short as in *par*.

(*As a final letter the sound dies away as in "Java". It never has the sound of the short English "a" as in "pan", but when pronounced short is like the "u" in "pun".*)

e long as in *fête*, or *ey* in *they*; short as in *fen*.

i long as in *litre*, or *ee* in *see*; short as in *lit*.

o long as in *bone*, or *ow* in *show*; short as in *song*.

u long as in *rude*, or *oo* in *too*; short as in *pull*.

(*In a final closed syllable it approximates in sound to "o".*)

é the toneless *"e"* is an indeterminate vowel pronounced as the *er* in *her*, with the *"r"* not stressed, or the *"e"* in *taken*.

(*It is almost inaudible in the first syllable between consonants which coalesce in sound, such as "bliss" or "trot".*)

The consonants are pronounced as in English.

c a single sound as in *church* but never pronounced as a *"k"*.

f appears only in loan words and is usually replaced by *"p"*.
g is always hard as in *go*, and never like the *"g"* in *gin*.
h is gently aspirated as a final letter but elided between two dissimilar vowels and sometimes dropped as an initial letter.
j as in *jam*. It never has a *"zh"* sound as in *jabot*.
k as a final letter in enclitic, forming a glottal check or stop, the preceding vowel sound being abruptly shortened.
s is enunciated clearly as in *sin* and not as in *his*.
z appears only in loan words and is often corrupted to *"j"*.

Double Consonants

kh a harsh guttural sound as in *loch*, appears in Arabic loan words and is usually replaced by *"k"*.
ng a single sound as in *sing* but not the double *"g"* as in *finger*.
ny a single sound as the *"ni"* in *onion*, or *"n"* in *new*.
sy as in *shin*, but sometimes corrupted to *"s"*.

Diphthongs

au as in *sauerkraut*, or the *"ow"* in *now*.
ai as in *aisle* or the *"y"* in *my*.

NOTE — Hyphens are used to join duplicated words.

Accent

There is no strong accent but the stress normally falls on the last syllable but one unless the latter ends in a short "é" when the emphasis passes on to the final syllable.

Indonesian Romanized

In the Romanized Malay employed throughout Indonesia, certain letters have their Dutch sound values, so that **dj** = j, **j** = y, **oe** = u, **sj** = sy, **tj** = c, **ch** = kh, in the corresponding English system, but in modern usage *"u"* or *"o"* replace *"oe"*.

The toneless *"e"* (or *er*) is usually not indicated by any mark, but the vowel *"e"* (or *eh*) is accented *é*.

GRAMMATICAL FORMS

A Malay word expresses an idea rather than a part of speech, but the root form by a process of affixation may become a definite noun or verb.

Be prefixing *pe* (also *per*) or *ke* and by suffixing *an* certain nouns are formed, i.e. *pembesar*, an official, from *besar*, great; *pekerjaan*, occupation, from *kerja*, work; *permainan*, a game, from *main*, play; *ketua*, an elder, from *tua*, old; *kerajaan*, a kingdom, from *raja*, a prince; *pakaian*, clothes, from *pakai*, to wear.

By prefixing *me*, a verbal form is created, i.e. *menyanyi*, to sing, from *nyanyi*, a song.

By prefixing *ber* an intransitive verb or a verbal adjective denoting "having" is obtained, i.e. *berjalan*, to walk, to go, from *jalan*, motion; *berlaki*, married, from *laki*, a husband.

The prefix *ter* denotes a past participle, i.e. *terbalik*, overturned, from *balik*, the reverse.

The suffix *kan* (and occasionally *i*) creates a transitive verb, i.e. *besarkan*, to enlarge, from *besar*, big; *baiki*, to mend, from *baik*, good.

The verbal prefix *me* changes for the sake of euphony according to the initial letter of the root word.

Me remains *me* before l, m, n, ny or r.

Me becomes *meng* before an initial vowel or g, h, k (dropping k), i.e. *amuk*, *mengamuk*; *endap*, *mengendap*; *ikut*, *mengikut*; *obat*, *mengobat*; *ukir*, *mengukir*; *giling*, *menggi-*

ling; *hambat*, *menghambat*; but *karang*, *mengarang*.

Me becomes *mem* before b or p (dropping p), i.e. *bawa*, *membawa*; but *pukul*, *memukul*.

Me becomes *men* before c, d, j or t (dropping t), i.e. *curi*, *mencuri*; *dengar*, *mendengar*; *jual*, *menjual*; but *tulis*, *menulis*.

Me becomes *meny* before s (dropping s), i.e. *sapu*, *menyapu*.

The prefix *pe* for nouns is modified following the rules for *me* in all cases, i.e. *penyapu*, a broom, from *sapu*, to sweep.

As nearly all the words in this book are given in their root form, particular heed must be paid to the above changes.

Furthermore, as an "e" and an "i" or an "o" and a "u" are occasionally transposed in speech, *sempang*, a crossing, may become *simpang* and *ubat*, medicine, become *obat*.

In addition a short "é" may replace an "a" or a "u" in the first syllable so that *jambatan*, a bridge, becomes *jembatan* and *putera*, a prince, becomes *petera* but these changes usually occur only in Malaysia.

In Indonesian Malay the "a" in a final syllable is sometimes pronounced as an "e" so that *pantas*, fitting, becomes *pantes*, whilst a final "ai" changes to "e" and a final "au" to "o", i.e. *sampai*, to arrive, becomes *sampe* and *pulau*, an island, becomes *pulo*.

EXERCISE 1 *Pronouns*

I	*saya*	sah yah
you	*engkau*	ungcow
he; she; it; they	*dia*	dee ah
we	*kita*	kee tah
person, man	*orang*	oh rung
's (possessive particle)	*punya*	poon yah
all	*semua*	smoo ah
this	*ini*	ee nee
that	*itu*	ee too
here	*sini*	see nee
there	*situ*	see too
what?	*apa*	ah pah
who?	*siapa*	see ah pah
why?	*kenapa*	cun ah pah
how much, how many?	*berapa*	brah pah
when?	*bila*	bee lah
where, which?	*mana*	mah nah
same; with; to	*sama*	sah mah
from; than	*dari*	dah ree
sort, kind	*macam*	mah chum
cause, reason	*pasal*	pah sul
yes	*ya*	yah
no, not	*tidak*	tee da
not (on the contrary)	*bukan*	boo cun
don't (prohibitive)	*jangan*	jung an

I; (I — familiar)	*saya; (aku)*
I, a slave, a servant	*hamba*
you	*hang (P), kowe (J), lu (C)*
you (polite)	*kamu, awak, engkau (I)*
you (plural)	*engkau orang, hangpa (P)*
he, she, it; (namely)	*ia; (iaitu)*
by him etc. in the passive	*-nya*
we (excluding person addressed)	*kami, sepa (P)*
they (plural form)	*dia orang, depa (P)*
one person, alone	*satu orang, seorang*
an Englishman	*orang Inggeris*
my, mine; (your, yours)	*saya punya; (engkau punya)*
his, her, its, their	*dia punya*
our, ours; (somebody's)	*kita punya; (orang punya)*
possession; (a little one)	*punya; (kecil punya)*
of his, of her, of it	*-nya*
the reason thereof	*pasalnya*
its size, the size	*besarnya*
the (definite article)	*ini, itu*
the — familiar; (the old man)	*si; (si tua)*
such and such; (so and so)	*anu; (si anu)*
a, one; (the ace at cards)	*satu, se; (sat)*
in, at, on (of place)	*di*
here, in this spot	*di sini*
there, at that place	*di situ*
over there, yonder	*sana, di sana*
a formative of the passive	*di*
eaten by him	*dimakannya*
anything	*apa, apa-apa*
never mind, don't worry	*tidak apa, tak apa*
no need, never mind; don't	*tak usah*
anyone; (whosoever)	*siapa; (sesiapa)*

whose?	*siapa punya*
why?	*mengapa, awat (P)*
not very	*tak berapa*
when, whenever	*apabila, kapan (J)*
where? (from where, whence)	*di mana (dari mana)*
which one?	*mana satu*
which person?	*orang mana*
not the same, different	*tak sama*
equally big	*sama besar*
together with, mutual	*sama-sama*
along with him	*sama dia*
with me; in my possession	*sama saya*
to (of persons); (to us)	*sama; (sama kita)*
to, towards (of places)	*ke*
where, whither?	*ke mana*
from wood, of wood	*daripada kayu*
as, like; (a kind, like)	*macam; (bagai)*
how, in what way?	*macam mana; bagaimana*
like this, so, thus	*macam ini, begini*
like that, in that way	*macam itu, begitu*
what kind, in what manner?	*apa macam*
various kinds, all sorts	*macam-macam*
like, similar to; as to	*seperti*
concerning, about, as to	*pasal*
why, for what reason?	*apa pasal, apa sebab*
therefore, for that reason	*pasal itu, sebab itu*
a cause; (on account of)	*sebab; (dari sebab)*
because, owing to	*kerana, karna (I)*
a subject, a section, a clause	*pasal*
not (an abbreviation)	*tak*
not this one — the other	*bukan ini*
did not, didn't?	*bukankah*
an interrogative particle	*-kah*

don't (imperative)	*janganlah*
an emphatic particle	*-lah*
without fail (don't not)	*jangan tidak*

EXERCISE 2 *Verbs*

be, exist; have, possess	*ada*	ah dah
want, wish; will	*mahu*	mow
know	*tahu*	tow
can, be able	*boleh*	bo leh
do, make	*bikin*	bee kin
wait; shall, will	*nanti*	nun tee
eat, food	*makan*	mah cun
drink	*minum*	mee-nome
come, come here	*mari*	mah ree
go, go away	*pergi*	pig gee
bring, carry	*bawa*	bah wah
give	*kasi*	cah see
talk, speak	*cakap*	chah cup
say, tell	*bilang*	bee lung
call, summon	*panggil*	pung gil
come	*datang*	dah tung
return, go home	*pulang*	poo lung
raise, lift up	*angkat*	ung cut
put, place	*taruh*	tah roh
walk; road, way; go, be in motion	*jalan*	jah lun
stop	*berhenti*	brun tee
open; take off	*buka*	boo cah
shut; cover	*tutup*	too tope
done, finished; over	*sudah*	soo dah
done, completed; used up	*habis*	hah bis

to be in; there is or are	*ada*
to be out; (not at home)	*tak ada; (tak ada rumah)*
isn't, hasn't, without	*tidak ada, tak ada*
nothing, there's nothing	*tak ada apa*
no one, there's nobody	*tak ada siapa*
to be present; (in reserve)	*ada, hadir; (stan, P)*
to own; (to have money)	*ada; (ada duit)*
won't, don't want to	*tak mahu*
to intend, shall, will	*hendak, nak*
don't want; (will, desire)	*tak hendak; (kehendak)*
wish, want; (intention)	*hajat; (maksud)*
to desire, to long for	*ingin, kepingin (I)*
to be ignorant; (in confusion)	*tak tahu; (tidak ketahuan)*
to inform, to proclaim	*kasi tahu, beritahu*
to find out, to discover	*dapat tahu*
to tell, to inform; (known)	*maklumkan; (maklum)*
a transitive verbal suffix	*-kan*
unable, can't; (without fail)	*tak boleh; (tak boleh tidak)*
how is it possible, ridiculous!	*mana boleh*
can, may, permissible	*boleh*
can, to be able	*bisa (I)*
a creator of transitive verbs	*bikin*
to get ready	*bikin siap, siapkan*
to put right, to mend	*bikin betul, betulkan*
to do, to make	*buat*
make, manufacture; (action)	*buatan; (perbuatan)*
to feign, to pretend	*buat-buat, pura-pura*
what can be done?	*apa boleh buat*
for; (for eating)	*bikin, buat (I); (bikin makan)*
wait here; (will pay)	*nanti sini; (nanti bayar)*
presently, directly, later on	*nanti*

to eat with fingers; (to feed)	*makan tangan; (kasi makan)*
to consume, to eat away; (burnt)	*makan; (makan api)*
to bite, penetrate; (won't cut)	*makan; (tak makan)*
food, eatables; (rations)	*makanan; (ransum)*
a dinner party; (little eats)	*makan besar; (makan kecil)*
a religious feast	*kenduri, selamatan (I)*
to entertain; (a feast)	*jamu; (jamuan)*
to masticate, to chew	*mamah*
provisions for a journey	*bekal, sangu (J)*
to take a drink; (drinks)	*minum air; (minuman)*
sherbet; (syrup)	*serbat; (sirap; seterup, I)*
here, hither	*mari kemari*
to convey, to take; to drive; to bring on, to cause	*bawa*
to take away, to remove	*bawa pergi*
to bring; (to bring here)	*bawa datang; (bawa mari)*
to take back with one	*bawa pulang*
to drive a motor-car	*bawa motokar, jalankan oto*
to lead the way; (to steer)	*bawa jalan; (bawa kapal)*
to run off with	*bawa lari, pelari (P)*
to bring on an illness	*bawa sakit*
to carry a walking-stick	*bawa tongkat*
to make, to cause to, to allow	*kasi*
to make to go; (to stop)	*kasi jalan; (kasi berhenti)*
to allow one to speak	*kasi orang cakap*
to give; (a gift, a grant)	*beri; (pemberian)*
a gift, a reward	*hadiah*
to talk; (speech, conversation)	*bercakap; (percakapan)*
to talk hot air; (to boast)	*cakap angin; (cakap besar)*
to speak, to talk	*bicara, omong (J)*

to gossip, to chat, to yarn	*bual, gebang (P), meng-omong*
to bluff, humbug; (to brag)	*auta; (temberang)*
a tissue of lies; (nonsense!)	*karut; (mengarut)*
to whisper; (to stammer)	*bisik; (gagap)*
to say; (a word)	*kata; (perkataan)*
to mention, to utter	*sebut*
a brogue, an accent; (a lisp)	*pelat; (telor)*
to count; (to enumerate)	*bilang, hitung; (banci)*
to be called; (a roll call)	*panggil; (panggil nama)*
to invite; (a guest)	*panggil; (orang panggilan)*
to return, to give back	*kasi pulang, pulangkan*
to remove the plates	*angkat pinggan*
to bring on a meal	*angkat makan, bawa makan*
to set out; to go	*berangkat*
an expedition, a corps, a force	*angkatan*
to carry on the hips	*dukung, kendong (J)*
to bet; (a bet)	*bertaruh; (pertaruhan)*
to set down; (to deposit)	*letak; (bubuh)*
to move on; (a short cut)	*jalan; (jalan dekat)*
to walk; (to stroll)	*berjalan; (jalan-jalan)*
a road, a path; (a journey)	*jalanan (I); (perjalanan)*
to go in procession	*berarak*
to creep (of plants or insects)	*rayap, merayap*
to crawl on hands and knees	*rangkak, merangkak*
ceaseless; (a stopping place)	*tak berhenti; (perhentian)*
to undress; (to remove a hat)	*buka kain; (buka topi)*
to keep or open a shop	*buka kedai*
to open up an estate	*buka kebun*

to lift up a skirt; (to expose)	*selak kain; (selak)*
to block a road; (to bar)	*tutup jalan; (sekat)*
to cover, a lid; (to close)	*tudung; (katup, P)*
a dish-cover; (to serve up)	*tudung saji; (saji)*
to plug, a stopper; (a cork)	*sumbat; (gabus)*
a formative of the past tense	*sudah*
gone out; (that's enough)	*sudah keluar; (sudahlah)*
past, last; (last week)	*sudah; (minggu sudah)*
done, finished, all over	*sudah habis*
to finish off; (the end, last)	*kasi habis; (penghabisan)*
after that, next; (then return)	*habis; (habis balik)*
completely, altogether; most	*habis*
the biggest; (wet through)	*habis basah; (basah habis)*

EXERCISE 3 *Food*

water	*air*	ire
tea	*teh*	tay
milk, breast	*susu*	soo soo
sugar	*gula*	goo lah
bread	*roti*	roe tee
butter	*mentega*	mun tay gah
salt	*garam*	gah rum
pepper	*lada*	lah dah
fish	*ikan*	ee cun
prawn	*udang*	oo dung
egg	*telur*	tul ore
fowl	*ayam*	ah yum
duck	*itik*	ee tay
pig	*babi*	bah bee
ox, cow	*lembu*	lum boo
goat, sheep	*kambing*	cum bing
meat, flesh	*daging*	dah ging
cooked rice	*nasi*	nah see
vegetable	*sayur*	sah yore
potato, tuber	*ubi*	oo bee
bean, pea	*kacang*	cah chung
cake, pudding	*kuih*	coo eh
cheese	*keju*	cay joo
fruit	*buah*	boo ah
cigarette	*rokok*	roe co

a liquid, juice; (mineral-water)	*air; (air belanda)*
ice; (iced water)	*air batu, ais; (air es, D)*
drinking water; (bath water)	*air minum; (air mandi)*
hot water; (very hot water)	*air panas; (air panas sekali)*
boiling water; (to bubble)	*air mendidih; (mendidih)*
boiled water; (a disinfectant)	*air masak; (air busuk)*
a flood	*air besar, bah, banjir (J)*
to water; (to sprinkle)	*taruh air; (jirus, siram, I)*
to besprinkle; (to spatter)	*renjis; (percik)*
to ease oneself; (diarrhoea)	*buang air; (buang-buang air)*
to pass water, to urinate	*buang air kecil, kencing*
to ease oneself; (do. coarse)	*buang air besar; (berak)*
dysentery	*buang air darah*
loose bowels; (constipation)	*ceret; (sembelit)*
tea-leaf; (an infusion of tea)	*daun teh; (air teh)*
a teapot	*tempat teh, tekoan (C)*
tea; (coffee)	*ca (P); (kopi, E; kahwa)*
milk; (cream)	*air susu; (kepala susu)*
to suckle; (to suck as babe)	*beri susu; (menyusu)*
to wean; (a nipple)	*cerai susu; (puting susu)*
curds; (whey)	*dadih, tairu (P); (air tairu)*
the cream or essence	*pati*
sweets; (sugar candy)	*gula-gula; (gula batu)*
granulated sugar; (brown do.)	*gula pasir; (gula merah)*
palm sugar, jaggery	*gula melaka, gula jawa (I)*
toast; (a bun)	*roti panggang; (roti manis)*

unleavened bread	*roti canai, roti perata (P)*
pepper	*lada hitam, merica (J)*
a fresh chilli	*lada, cabai (P), lombok (J)*
a dry chilli	*lada kering, cili*
dried fish; (fish fry)	*ikan kering; (anak ikan)*
a snapper; (a sole)	*ikan merah; (ikan lidah)*
a pomfret; (a thread-fin)	*bawal; (senangin, kurau)*
a mackerel; (a sardine)	*tenggiri; (tamban; sadin, E)*
a whiting; (a mullet)	*ikan pasir; (belanak)*
whitebait	*ikan bilis, bunga air (P)*
a catfish, cobbler; (an eel)	*ikan sembilang; (belut)*
a cuttlefish, squid; (an octopus)	*sotong, comek; (sotong kereta)*
a sea-slug, trepang	*beronok, teripang*
a skate, a ray	*ikan pari*
a shark; (man-eating do.)	*yu; (jerung)*
a jellyfish; (stinging do.)	*ubur-ubur; (ampai-ampai)*
shrimp-paste	*belacan, terasi (J)*
a fish scale; (a fin)	*sisik; (sirip)*
a crayfish; (a shrimp)	*udang galah; (anak udang)*
a prawn-crisp	*keropok udang*
a pickled shrimp relish	*cencaluk*
to lay an egg; (to brood)	*bertelur; (mengeram)*
an omelet; (a meat omelet)	*dadar telur; (martabak, P)*
a fried egg	*telur mata sapi (I)*
fish roe; (shad's roe)	*telur ikan; (telur terubuk)*
poultry; (a capon)	*ayam itik; (ayam kasi)*
a turkey	*ayam belanda, kalkun (D)*
a duck; (a goose)	*bebek (J); (angsa)*
pig — a term of abuse; (pork)	*babi; (daging babi)*
an ox, a cow; (beef)	*sapi (I); (daging lembu)*
a sheep	*biri-biri, domba (I)*
mutton; (flesh, meat)	*daging kambing; (ikan, I)*

broiled meat on skewers	*sate (J)*
a rich, spiced meat-stew	*kormak*
to take a meal; (plain rice)	*makan nasi; (nasi betul)*
to curry food; (curry)	*masak kari, gulai; (kari)*
any food taken with rice	*lauk*
to eat meat or fish plain	*ratah*
fried rice with seasoning	*nasi goreng*
rice cooked in fat or oil	*nasi minyak*
rice cooked with mutton	*nasi beriani*
saffron rice; (a pilau)	*nasi kunyit; (nasi pilau)*
rice cooked in a leaf-mould	*ketupat*
caked rice on side of pot	*kerak*
vegetables; (a leek)	*sayuran (I); (perai, D)*
a fruit or vegetable salad	*rojak*
a water convolvulus — spinach	*kangkung*
spinach; (a Chinese radish)	*bayam; (lobak)*
a cabbage; (a cauliflower)	*kubis (E), kol (D); (bunga kubis*
mustard plant; (white cabbage)	*sawi-sawi; (pecai, C)*
a potato	*ubi kentang, kentang (I)*
a sweet-potato	*ubi keledek, ubi (I)*
tapioca	*ubi kayu, ketela (I)*
a taro, an aroid; (a yam)	*ubi keladi; (ubi nasi)*
long-beans	*kacang panjang*
ladies' fingers, okra	*kacang bendi, kacang lendir*
green gram; (split peas, dall)	*kacang hijau; (kacang dal)*
ground-nuts, pea-nuts (fried)	*kacang tanah, kacang goreng*
chick-peas; (gram)	*kacang putih; (kacang kuda)*

cakes, sweetmeats	*penganan, cucur (P)*
to bear fruit	*berbuah, keluar buah*
a passion fruit	*buah susu, markisa (I)*
a custard apple	*buah serikaya, buah nona (I)*
an apple; (a pear)	*buah epal (E); (buah lai, C)*
a mangosteen; (a pomegranate)	*manggis; (buah delima)*
a mango	*mangga, mempelam (P)*
a watermelon	*tembikai, semangka (I)*
a sapodilla, a chikoo	*ciku, sauh (I), sawa (P)*
a jack-fruit; (small species)	*nangka; (cempedak)*
a rose-apple; (a guava)	*jambu; (jambu biji)*
a persimmon; (a date)	*kesemak, samak (P); (kurma)*
a durian — spiny; (a soursop)	*durian; (durian belanda)*
a rambutan — hairy; (variety do.)	*rambutan; (pulasan)*
a dookoo; (a rambai)	*duku, langsat (I); (rambai)*
to smoke	*hisap rokok, minum rokok (I)*
a cigar; (a native cigarette)	*cerutu; (rokok daun)*

EXERCISE 4 *Adverbs and Prepositions*

above, on top	*atas*	ah tus
below, under	*bawah*	bah wah
inside, in; deep	*dalam*	dah lum
outside, out	*luar*	loo are
before, in front	*depan*	dup un
behind, back	*belakang*	blah cung
edge, side	*tepi*	tup ee
middle, centre	*tengah*	tung ah
right	*kanan*	cah nun
left	*kiri*	kee ree
straight on, direct	*terus*	troos
easy, comfortable	*senang*	snung
difficult, trouble	*susah*	soo sah
right, correct	*betul*	but ole
wrong, fault	*salah*	sah lah
far, distant	*jauh*	jow
near, close	*dekat*	duck ut
many, much; very	*banyak*	bun ya
few, little	*sikit*	sick it
more, plus	*lebih*	lub eh
less, minus	*kurang*	coo rung
enough, sufficient	*cukup*	choo cope
more, again; still, yet	*lagi*	lah gee
certainly, sure	*tentu*	tun too
use, value	*guna*	goo nah

upstairs; upon; (upwards)	*atas, di atas; (ke atas)*
downstairs; beneath; (downwards)	*bawah, di bawah; (ke bawah)*
within, internal; (the depth)	*dalam, di dalam (dalamnya)*
while; (whilst asleep)	*dalam; (dalam tidur)*
during the month	*dalam bulan*
within a day	*dalam sehari*
outside, external; (outwards)	*luar, di luar; (keluar)*
to dine out	*makan luar*
a stranger, a foreigner	*orang luar*
unusual; (outside the agreement)	*luar biasa; (luar janji)*
ahead, next; (in front)	*depan; (di depan)*
next year; (the front door)	*tahun depan; (pintu depan)*
to go ahead; (to advance)	*jalan ke depan; (maju)*
position in front; (facing)	*hadap; (hadapan)*
to face; a royal audience	*mengadap*
opposite; (face to face)	*tentang; (bertentang)*
in regard to, as to	*tentang, tentangan (I)*
the opposite side, across	*seberang*
to cross over, to go across	*menyeberang*
from behind; (in rear)	*dari belakang; (di belakang)*
afterwards; (hereafter)	*belakang; (belakang hari)*
to move back, to go astern	*jalan ke belakang*
to retreat, to withdraw	*undur, mundur (I)*
beside; (move aside a bit!)	*di tepi; (tepi sikit)*
border, rim	*tepi, pinggir (I)*
a river bank	*tepi sungai, tebing*
middle of the road, halfway	*tengah jalan*
in the middle; (to halve)	*di tengah; (potong tengah)*
right in the middle	*tengah-tengah, sama tengah*
to be engaged in; while	*tengah*

to be eating; (whilst talking)	*tengah makan; (tengah cakap)*
a half	*setengah, separuh (I)*
some or half the people	*setengah-setengah orang*
between; (whilst, temporary)	*antara; (sementara)*
a mediator, a go-between	*orang tengah*
an agent, a representative	*wakil*
to go straight ahead	*jalan terus*
to return straightaway	*terus pulang*
to speak right out	*cakap terus terang*
a canal	*terusan, saluran (I)*
to be at leisure, free	*senang, ada senang*
to be busy, occupied	*tak senang, tak ada senang*
when convenient; (well-to-do)	*bila senang; (senang)*
contented, happy	*senang hati*
easy; (light, of no account)	*mudah; (gampang)*
troubled, sad; (to annoy, to vex)	*susah hati; (susahkan)*
difficult, hard; (don't trouble)	*payah; (tak payah)*
severe (of work or illness)	*teruk*
an obstacle, a difficulty	*aral*
to be fussy, tiresome	*cerewet*
to be uneasy; (anxious)	*risau; (bimbang)*
truly, yes; (to go right ahead)	*betul; (jalan betul)*
at three o'clock exactly	*pukul tiga tepat*
an honest man; (very bad)	*orang betul; (jahat betul)*
to stand erect; (upright)	*berdiri betul; (tegak)*
true, correct; (really cheap)	*benar; (murah benar)*

to permit, to allow; (approval)	*benarkan; (kebenaran)*
true, genuine; (really sick)	*sungguh; (sakit sungguh)*
real, pure; (genuine)	*jati, totok (J); (tulen, J)*
permission, sanction	*izin, ijin (I)*
seemly, proper; (unbecoming)	*senonoh; (tak senonoh)*
an error; amiss, mistaken	*salah*
not guilty, innocent	*tak salah*
to hear incorrectly	*salah dengar*
to take the wrong road	*salah jalan*
one or the other (things)	*salah satu*
what's wrong, why not?	*apa salah*
a prisoner, an accused	*orang salah*
far away, distant	*jauh-jauh*
late at night	*jauh malam*
nearly; in, at	*dekat*
at home; (in my possession)	*dekat rumah; (dekat saya)*
nearly; (almost, all but)	*hampir; (nyaris)*
how much? how many?	*berapa banyak*
very bad; (a fair number)	*banyak jahat; (sikit banyak)*
plenty, lots; (the quantity)	*banyak-banyak; (banyaknya)*
many persons; (the public)	*banyak orang; (orang banyak)*
the people, subjects; (a peasant)	*rakyat; (orang kebanyakan)*
some; (a few, very little)	*sedikit; (sikit-sikit)*
a short time, a moment	*sedikit waktu*
by stages, by instalments	*ansur, beransur*
more—comparative; (better)	*lebih; (lebih baik)*
more than five years	*lebih dari lima tahun*

the remainder; (most)	*yang lebih; (terlebih)*
balance, residue, surplus	*baki*
short, lacking; (inferior)	*kurang; (kurang baik)*
more or less, about	*lebih kurang, kurang lebih (I)*
what's amiss? (to reduce)	*apa kurang; (kasi kurang)*
to waste away, to get thin	*susut*
complete, full; (replete)	*cukup, (makan cukup)*
quite good; (time's up)	*cukup baik; (cukup waktu)*
at the end of a month	*cukup bulan*
that will do; (it's enough)	*cukuplah; (sudah cukup)*
complete, perfect; (to fulfil)	*sempurna; (sempurnakan)*
moreover; (furthermore)	*lagi; (dan lagi)*
what else? (as long as)	*apa lagi; (selagi)*
another; (the more...the more)	*lagi satu; (lagi...lagi)*
further; (from here)	*lagi jauh; (lagi sini)*
definite, of course; (naturally)	*tentu; (memang)*
indefinite; (not yet certain)	*tak tentu; (belum tahu)*
what's the use? why?	*apa guna*
to be of use, valuable	*ada guna, berguna*

EXERCISE 5 *Household Furniture*

things, goods	*barang*	bah rung
plate, dish	*pinggan*	ping gan
cup, bowl	*mangkuk*	mung co
saucer	*piring*	pee ring
knife	*pisau*	pee sow
fork	*garpu*	gar poo
spoon	*senduk*	sun doe
chair	*kerusi*	crow see
table	*meja*	may jah
bench, stool	*bangku*	bung coo
fire, light	*api*	ah pee
lamp	*lampu*	lum poo
bed, sleeping-place, bed-room	*tempat tidur*	tum putt-tee dore
mosquito-net	*kelambu*	clum boo
mattress	*tilam*	tee lum
pillow, cushion	*bantal*	bun tul
coverlet, blanket	*selimut*	slee mote
mat	*tikar*	tee car
picture, photograph	*gambar*	gum bar
cupboard, almeirah	*almari*	ul mah ree
drawer	*laci*	lah chee
lock, key	*kunci*	coon chee
box	*peti*	pit ee
basket	*bakul*	bah cole
tub, cask	*tong*	tong

belongings, luggage	*barang, barang-barang*
silverware; (foodstuffs)	*barang perak; (barang makan)*
any; (anything, ordinary)	*barang; (sebarang)*
whoever; (whatever)	*barang siapa; (barang apa)*
thing, article, object	*benda*
crockery	*pinggan-mangkuk*
a teacup	*mangkuk teh, cawan (C)*
a cup, a beaker	*cangkir (I)*
a wash-hand basin	*mangkuk cuci tangan*
a tiered food-carrier	*mangkuk tingkat*
a glass, a tumbler	*gelas (E)*
a finger-bowl	*gelas cuci tangan*
a bottle; (a decanter)	*botol; (balang)*
a metal saucer; (a plate)	*ceper; (piring, I)*
a penknife; (a razor)	*pisau lipat; pisau cukur*
a spoon, a ladle; (an egg-lift)	*sudu, camca (P); (sudip)*
a scoop; abstersion; (to ladle)	*cebok; (cedok)*
an easy chair, a long chair	*kerusi malas, kerusi panjang*
a deck-chair; (a chairman)	*kerusi lipat; (pengerusi)*
a dressing-table	*meja cermin muka*
a wash-hand stand	*meja cuci muka*
a billiard-table	*meja bola*
a long form; (a stool)	*bangku panjang; (bangku duduk)*
a sofa, a couch	*kaus (E), bangku (I)*
matches	*korek api, goris api (P)*
fireworks, sparks	*bunga api*
a stoker, a fireman	*tukang api*
a lighthouse	*rumah api*
an acid	*air api, air keras (I)*
a flint, a "firebrand"	*batu api*

a searchlight; (electric torch)	*lampu suluh (lampu picit)*
to shine a light on; (a torch)	*suluh; (penyuluh)*
a lamp; (a lantern)	*pelita; (lantin, E; lantera, I)*
a table lamp; (a flashlight)	*lampu duduk; (lampu-sintar, I)*
a lamp chimney	*cimeni (E), gelas lampu (I)*
a Chinese paper lantern	*tanglong*
a bedstead; (a double-bed)	*katil; (ranjang)*
a camp-bed	*katil lipat*
a mattress	*bolsa (D), kasur (J)*
a bolster	*bantal peluk, guling (I)*
a covering, a sheet	*kain selimut*
bed clothes; (a bed sheet)	*kain tempat tidur; (cadar)*
a bedspread, a sheet	*seperai (D)*
a thick blanket, a rug	*kambeli*
bedding (native)	*tikar bantal*
a carpet; (a mat, a rug)	*permaidani; (hamparan)*
to spread (as a cloth)	*bentang, hampar*
a statue, a model; (an artist)	*gambar; (tukang gambar)*
a map, a chart; (a plan)	*gambar, peta, kar (D); (pelan, E)*
a museum; (a school)	*sekolah gambar; (sekolah)*
a camera, a kodak	*peti gambar, kodak (D)*
to photograph	*ambil gambar, bikin potret (J)*
a wardrobe; (a cupboard)	*almari, lemari; (gerobok, J)*
a key; (to wind a clock)	*anak kunci; (kunci jam)*
a padlock	*kunci mangga, tala (P), selot (D)*
a keyhole cover; modesty-piece	*caping*
an iron box, a safe	*peti besi*
a money-box, a cash-box	*peti wang, celengan (I)*

a coffin	*peti orang mati, long*
a small box, a case, a locker	*kotak*
pigeon-holes	*kotak-kotak*
a waste-paper basket	*bakul sampah*
a basket, a hamper; (a creel)	*keranjang; (raga)*
a shallow rubbish basket	*pongkis*
a barrel; (an iron drum)	*tong kayu; (tong besi)*
a dustbin, an ashcan	*tong sampah*
a large jar, a water-jar	*tempayan*
a water-tank, a war tank	*tangki air, kereta kebal*

EXERCISE 6 *Adjectives*

large	*besar*	bus are
small	*kecil*	kich ee
high, tall	*tinggi*	ting gee
low	*rendah*	run dah
long	*panjang*	pun jang
short	*pendek*	pen day
broad	*lebar*	lay bar
new, fresh	*baru*	bah roo
old, long (of time)	*lama*	lah mah
different, other	*lain*	line
good, well	*baik*	bye
bad, wicked	*jahat*	jah hut
clean	*bersih*	ber seh
dirty	*kotor*	co tor
full	*penuh*	pun oh
empty	*kosong*	co song
hot	*panas*	pah nus
cold	*sejuk*	suj jo
wet	*basah*	bah sah
dry	*kering*	cring
clear, bright	*terang*	trung
dark	*gelap*	glup
pretty	*cantik*	chun tay
fine, handsome	*bagus*	bah goos
strong	*kuat*	coo ut

big, great, main, head	*besar*
a big man, a notable person	*orang besar*
a head boy or servant	*budak suruhan*
the main post office	*pejabat pos besar*
to enlarge; (a large salary)	*kasi besar; (gaji besar)*
to be grown up; (an official)	*sudah besar; (pembesar, I)*
great, mighty; (a main road)	*raya; (jalan raya)*
a little man, a minor person	*orang kecil*
to reduce; (to lower a light)	*kasi kecil; (kecilkan api)*
immature; (from youth up)	*kecil lagi; (dari kecil)*
to shrink, to shrivel up	*kecut*
narrow; (too short— of clothes)	*sempit; (singkat)*
medium, average, just right	*sedang*
a tall person; (high-priced)	*orang tinggi; (harga tinggi)*
lowly, humble; (uneven)	*rendah; (tinggi rendah)*
to abase oneself; (humble)	*merendahkan diri; (hina)*
all along, all through	*sepanjang*
to be light fingered, a thief	*panjang tangan*
in short; (to abbreviate)	*pendeknya; (ringkas)*
the width, its breadth	*lebarnya*
wide, spacious, area	*luas*
vacant, empty; (open ground)	*lapang; (tanah lapang)*
fresh vegetables; (fresh eggs)	*sayur baru; (telur baru)*
a newcomer, a novice	*orang baru, singke (C)*

newly, just; (just arrived)	*baru; (baru datang)*
not till then; (then return)	*baru; (baru pulang)*
an old hand, an old timer	*orang lama*
old goods, antiques	*barang lama*
a former house; (stale bread)	*rumah lama; (roti lama)*
how long? (as long as)	*berapa lama; (selama)*
for the space of a week	*selama seminggu*
musty, stale, sour (of milk)	*basi*
another, else; (other years)	*lain; (lain tahun)*
another time, next time	*lain kali*
a different plate; (elsewhere)	*lain pinggan; (lain tempat)*
a different sort; odd, queer	*lain macam*
other than, besides; (except)	*lain dari; (melainkan)*
except, only; (excepting)	*hanya; (kecuali)*
distinct, apart; (to separate)	*asing; (asingkan)*
all right, very well; thanks	*baik, baiklah*
a nice or honest person	*orang baik*
no good, bad; (a bad man)	*tak baik; (orang tak baik)*
to be well; (fit, well)	*ada baik; (sudah baik)*
a gentleman, of good family	*anak orang baik-baik*
carefully; (both...and...)	*baik-baik; (baik...baik...)*
it would be as well to eat	*baik makan*
to get well, to heal, to recover	*sembuh*
to be fit, healthy; (health)	*segar; (sihat)*
a bad man, a rogue; (a bandit)	*orang jahat; (penjahat)*

a naughty boy; (a vicious dog)	*budak jahat; (anjing jahat)*
a dangerous disease	*penyakit jahat*
to have an illicit affair with	*buat jahat dengan*
a prostitute; (a brothel)	*pelacur; (rumah pelacur)*
a whore, a harlot	*sundal, perempuan sundal*
a loose woman; (to run wild)	*perempuan jalang; (jalang)*
a procurer, a pimp	*barua*
mischievous, naughty	*nakal*
cruel, brutal, harsh; (fierce)	*bengis; (garang)*
to cleanse, to tidy up	*kasi bersih*
dirt, filth; (ingrained dirt)	*kotor; (daki)*
a nightsoil remover, a toty	*orang angkat kotor, toti*
to talk filth, to abuse, revile	*cakap kotor*
muddy (of water), turbid	*keruh*
to fill up; (full pay)	*kasi penuh; (gaji penuh)*
full, replete; (chock-full)	*penuh; (penuh sesak)*
full, complete, even; (odd)	*genap; (ganjil)*
vacant or waste land	*tanah kosong*
an empty house; (famished)	*rumah kosong; (perut kosong)*
nought, a cipher	*kosong, sipar (E), nol (D)*
the heat of the sun, sunshine	*panas matahari*
hot, heat; (lukewarm)	*hangat; (pesam-pesam)*
to feel a warm impulse	*geram*
cold, chilly; (cool)	*dingin; (sejuk, I)*
damp, moist, clammy	*lembap*
to dry; (a drought)	*kasi kering; (kemarau)*
plain, evident; (evidence)	*terang; (keterangan)*

to make clear, to elucidate	*kasi terang*
certificate, identity papers	*surat keterangan*
a bright moon; (moon-light)	*bulan terang; (terang bulan)*
clear, obvious; (a notice)	*nyata; (kenyataan)*
clear, bright; (a fair skin)	*cerah (P); (kulit cerah)*
clear, transparent (of liquid)	*jernih*
obscure, secret, sly, illicit	*gelap*
a secret society; (a combine)	*kongsi gelap; (kongsi, C)*
smuggled opium; (black market)	*candu gelap; (pasar gelap)*
a moonless period	*bulan gelap*
a detective	*mata-mata gelap*
good-looking, well-turned-out	*cantik*
to beautify, to adorn	*bikin cantik*
ugly; (bad, ugly)	*tak cantik, hodoh; (jelek, I)*
to decorate; (an ornament)	*hias; (perhiasan)*
excellent, beautiful; (lovely)	*elok; (molek)*
charm, glory; (res-plendent)	*seri; (berseri)*
smart, dressy; (showy)	*kacak; (ranggi)*
that's splendid; (bravo)	*baguslah; (syabas)*
to speak loudly	*cakap kuat*
to rub hard; (a big eater)	*gosok kuat; (makan kuat)*
to be seriously ill; (a tonic)	*sakit kuat; (ubat kuat)*
to force, to strengthen; (compel)	*kuatkan; (paksa)*

a strong or stiff breeze	*angin kuat*
strong (of wind or tide)	*kencang*
severe (of illness or beating)	*teruk*

EXERCISE 7 *Verbs*

work; business	*kerja*	cur jah
wear, use	*pakai*	pah kye
ready, get ready	*siap*	see up
ask, question	*tanya*	tun yah
reply, answer	*jawab*	jah wub
see, look at	*tengok*	teng o
hear, listen	*dengar*	dung are
go in, enter	*masuk*	mah so
go out, come out	*keluar*	clue are
go up, ascend	*naik*	nye
go down, descend	*turun*	too roan
arrive, reach; until	*sampai*	sum pie
look for, seek	*cari*	chah ree
get, obtain; find	*dapat*	dah putt
keep, retain; put away	*simpan*	sim pun
throw away, get rid of	*buang*	boo ung
ask for, request	*minta*	min ta
take, fetch	*ambil*	um bil
order, command; tell	*suruh*	soo roh
cook; ripe	*masak*	mah sa
shave	*cukur*	choo core
bathe	*mandi*	mun dee
clean, cleanse	*cuci*	choo chee
sleep	*tidur*	tee dore
awake; watch, look after	*jaga*	jah gah

to be working; (occupied)	*bekerja; (ada kerja)*
to stop work; (to go on strike)	*berhenti kerja; (mogok)*
what are you doing?	*apa kerja*
to be or work as a coolie	*kerja kuli*
job, occupation; (co-operation)	*pekerjaan; (kerjasama)*
to be in a whirl, busy	*sibuk*
forced labour, to conscript	*kerah*
to wear a hat	*pakai topi*
to use or get ready a carriage	*pakai kereta*
a private carriage	*kereta pakai*
wearable, usable; will do	*boleh pakai*
unused, undressed	*belum pakai*
garments; (harness)	*pakaian; (pakaian kuda)*
dinner's ready; (to prepare)	*makan siap; (sedia)*
to get ready a meal	*siap makan, sedia makan*
to ask the time; (to enquire)	*tanya jam; (bertanya)*
a question, a query	*soal*
to return, to requite, to repay	*balas*
to reply to a letter; (to retort)	*balas surat (balas kata)*
to reply to a hail, respond	*sahut, menyahut*
to go and see, to visit	*pergi tengok*
to show	*kasi tengok, kasi lihat*
to see, to look; (it seems)	*lihat; (kelihatannya)*
to gaze; (to glance aside)	*pandang; (paling)*
to peer; (a fortune-teller)	*tilik; (tukang tilik)*
to peep, to pry, to spy	*intai*
to visit; (a visiting official)	*lawat; (pelawat)*
come in; (to let in)	*masuklah; (kasi masuk)*
to enter on one's duties	*masuk kerja*

to become a Muslim (Malay)	*masuk Islam, masuk Melayu*
to bring out, to put out	*kasi keluar*
to come out, to emerge	*terbit*
to rip open; (to hatch out)	*tetas; menetas*
to get on, to mount, to ride	*naik*
to raise; (to catch on fire)	*kasi naik; (naik api)*
to ride a horse; (to bestride)	*naik kuda; (tunggang)*
to ride in a train	*naik keretapi*
to get a rise in pay	*naik gaji*
to go ashore; (half-grown)	*naik darat; (tengah naik)*
to come up; (to sprout)	*naik; (tumbuh)*
to go into the witness-box	*naik saksi*
to go downstairs; (to lower)	*turun bawah; (kasi turun)*
to rise of wind; (to fall of rain)	*angin turun; (hujan turun)*
to run of colours	*turun warna*
descent, origin; (pedigree)	*turunan; (keturunan)*
to reach to, as far as, up to	*sampai, takat, had (P)*
to be out of reach	*tak sampai*
up to now; (as far as this)	*sampai sekarang; (sampai sini)*
to have the heart	*sampai hati*
to convey one's respects	*sampaikan salam*
to arrive; (all of a sudden)	*tiba; (tiba-tiba)*
to search for work	*cari kerja*
to earn a living; (a livelihood)	*cari makan; (pencarian)*
to manage, can; (income)	*dapat; (pendapatan)*
if it can be managed	*kalau dapat*
without fail	*tak dapat tidak*
to retain, to store, to preserve	*simpan*

to save money; (to remember)	*simpan duit; (simpan di hati)*
to keep a woman	*simpan perempuan*
to pack up; to tidy; (neat)	*simpan, kemas; (kemas)*
to dismiss, to waste, to throw	*buang*
to be discharged or fired	*buang kerja*
to waste money; (to squander)	*buang wang; (boros)*
to discard a coat	*buang baju*
to get rid of a wife	*buang bini*
to peel the rind	*buang kulit, kupas*
to do away with oneself	*buang diri*
to banish from a state	*buang negeri*
abortion; (a foundling)	*buang anak; (anak buangan)*
to cast lots; (to ballot)	*buang undi; (undi)*
to throw down; (to hurl)	*campak; (lempar)*
to apply for leave	*minta cuti*
to ask permission to go	*minta pergi, minta balik*
to take one's leave, depart	*minta diri, minta permisi (I)*
a chair please! (a request)	*minta kerusi; (permintaan)*
a beggar	*orang minta-minta (I)*
to go and get, to fetch	*pergi ambil*
to pay heed; (to take seriously)	*ambil peduli; (ambil berat)*
to take leave; (to take part)	*ambil cuti; (ambil bagian)*
to snatch; (to swoop upon)	*rebut; (sambar)*
a command; (a commissioner)	*suruhan; (pesuruhjaya)*
to order, to commission	*pesan*
a cook; (a sea-cook)	*tukang masak (bendari)*

to boil water; (to smelt tin)	*masak air; (masak timah)*
Chinese cooking; (ripe, cooked)	*masak cina; (matang, J)*
a barber	*tukang cukur*
hot water for shaving	*air panas cukur*
sea bathing; (a bathing place)	*mandi laut; (tempat mandi)*
the Safar purification festival	*mandi Safar*
to wash clothes	*cuci kain*
to clean one's teeth	*cuci gigi*
to develop a film	*cuci gambar*
to put to sleep	*tidurkan*
to feel sleepy, drowsy	*mengantuk*
sound (of sleep); (asleep)	*lena; (lelap)*
to guard, to be careful	*jaga*
take care; look out!	*jaga baik*
a watchman, a door-keeper	*orang jaga*
to wait at table	*jaga meja*
to do beat duty; (a beat)	*jaga jalan; (para, P)*
be careful; (beware!)	*hati-hati (I); (awas, I)*
careful, neat; (economical)	*cermat; jimat*

EXERCISE 8 *Times and Seasons*

daylight	*siang*	see ung
night	*malam*	mah lum
morning	*pagi*	pah gee
afternoon	*petang*	putt ung
day	*hari*	hah ree
yesterday	*kelmarin*	cum ah rin
tomorrow	*besok*	bay so
day after tomorrow	*lusa*	loo sah
week	*minggu*	ming goo
moon, month	*bulan*	boo lun
year	*tahun*	town
season	*musim*	moo sim
time, o'clock; hit, strike	*pukul*	poo cole
time, period	*waktu*	wuck too
time, occasion	*kali*	cah lee
hour; clock, watch	*jam*	jum
moment, instant	*sekejap*	skuj up
just now, lately	*tadi*	tah dee
before, former	*dulu*	doo loo
now	*sekarang*	scar rung
always, frequently	*selalu*	slah loo
fast; quick, at once	*lekas*	luck us
slow, late	*lambat*	lum but
slowly, quietly	*perlahan*	plah hun
not yet	*belum*	bloom

day-time; (day and night)	*siang hari; (siang malam)*
early, betimes; (dawn)	*siang-siang; (subuh)*
evening, dark	*malam*
night-time	*malam hari*
midnight	*tengah malam*
tonight	*malam ini, malam sekarang*
tonight; (this evening)	*nanti malam (I); (nanti sore)*
last night, yesterday evening	*semalam, malam semalam*
yesterday	*semalam, semalam siang*
just last night	*malam tadi, tadi malam (I)*
the night before Sunday	*malam Ahad*
dinner, evening meal	*makan malam*
to spend the night	*bermalam*
evening, west; (dusk)	*maghrib; (senjakala)*
early in the morning	*pagi-pagi*
breakfast	*makan pagi*
evening (until dusk)	*petang, sore (J)*
today	*hari ini, ini hari*
midday; (noon)	*tengah hari, (zohor)*
lunch, tiffin	*makan tengah hari*
every day, daily	*hari-hari, sehari-hari*
a holiday, a festival	*hari besar, hari raya*
the date	*haribulan, tanggal*
Sunday	*hari minggu, Ahad*
Monday	*hari satu, Isnin, Senayan (P)*
Tuesday	*hari dua, Selasa*
Wednesday	*hari tiga, Rabu, Rebo (I)*
Thursday	*hari empat, Khamis*
Friday	*hari lima, Jumaat, Jemaat*
Saturday	*hari enam, Sabtu, Saptu (I)*
the festival after Ramadan	*hari raya besar, lebaran (I)*
the feast ending the Pilgrimage	*hari raya Haji*

the day before yesterday	*kelmarin dulu*
the other day, recently	*kemarin, tempoh hari (I)*
tomorrow; (on the morrow)	*esok; (keesokan hari)*
the day after tomorrow	*hari lusa (I)*
first of the moon, new moon	*sehari bulan*
the full moon (fourteenth)	*empat belas haribulan*
a lunar eclipse; (an eclipse)	*gerhana bulan; (gerhana)*
January	*bulan satu, Januari (E)*
the first month; (fasting month)	*Muharram; (Ramadan)*
the fasting month; (to fast)	*bulan puasa; (puasa)*
to menstruate	*datang bulan*
to be due—of childbirth	*cukup bulan*
New Year	*tahun baru*
the wet season	*musim hujan*
the dry season	*musim kemarau*
spring, the flower season	*musim bunga*
summer, the hot weather	*musim panas*
autumn, the fruit season	*musim buah*
winter, the cold weather	*musim sejuk, musim dingin (I)*
what's the time? (one o'clock)	*pukul berapa; (pukul satu)*
to multiply two by three	*mendarab dua dengan tiga*
to telephone; (to wire)	*telefon; (pukul kawat)*
to beat up an egg	*pukul telur*
a hammer	*tukul besi, pemukul*
to hit; to gorge; (go it!)	*gasak; (gasaklah)*
to beat, to swish;.to guzzle	*bedal*
to bash, to bang; (to thresh)	*hantam; (banting)*

to set about, to butcher	*bantai*
to flog, to cane; (to thrash)	*sesah; (balun, P; labrak, D)*
whilst; (five daily prayers)	*waktu; (lima waktu)*
time, season; (is it likely)	*masa; (masakan; masa, I)*
time, era; (to ask for time)	*tempoh; (minta tempoh)*
epoch, age; (days of old)	*zaman; (zaman dulu)*
during, while; (whilst eating)	*sedang; (sedang makan)*
how often? (one occasion)	*berapa kali; (satu kali)*
again, once more; (once)	*lagi sekali; (sekali)*
a wrist watch	*jam tangan*
a large public clock	*jam besar*
a watchmaker	*tukang jam*
a little while	*sikit jam*
now, at this moment; (then)	*jam ini; (jam itu)*
what's the hour? (two o'clock)	*jam berapa (I); (jam dua)*
a watch; (a clock)	*arloji (D); (loceng, I)*
immediately, there and then	*dan-dan (P)*
a short while, directly; (wink)	*sekejap lagi; (kejap)*
a moment, an instant	*sebentar (I)*
minute, moment; (a minute ago)	*saat, sat (P); (sat-sat)*
just a moment ago	*baru tadi*
this very morning	*pagi tadi, tadi pagi (I)*
previous; (before, ahead, first)	*dahulu; (lebih dulu)*
on a former occasion	*dulu kali*
the month before, last month	*bulan dulu*
to wait awhile; (to go ahead)	*nanti dulu; (jalan dulu)*

now, at once; (nowadays)	*la (P); (la ini)*
continually; (as usual)	*selalu; (macam selalu)*
every evening	*selalu malam*
often	*kerap (P), seringkali (J)*
quickly, hurry up	*cepat*
hurry, in haste; (nimble)	*gopoh; (pantas)*
to be slow of a watch	*jam lambat*
some time yet	*lambat lagi*
very late or tardy	*banyak lambat*
to walk slowly; (to dawdle)	*jalan lambat; (lengah)*
behind time, after, past	*lewat (P)*
after four o'clock	*lewat pukul empat*
to be behind, pass over; (late)	*lewat (I); (telat, D)*
to talk quietly or softly	*cakap perlahan*
to go very slowly	*jalan perlahan-lahan*
until, before of time	*sebelum*
not yet, not so far	*belum lagi*

EXERCISE 9 *Clothing*

clothes	*pakaian*	pah kye an
trousers	*seluar*	sloo are
coat	*baju*	bah joo
shirt	*kemeja*	cum eh jah
cloth	*kain*	kine
sheath, cover; waistcloth	*sarung*	sah wrong
bundle, parcel	*bungkus*	boong coos
shoe, boot	*kasut*	cah sote
hat, sun-helmet	*topi*	toe pee
stick, prop	*tongkat*	tong cut
umbrella	*payung*	pah yong
fan	*kipas*	kee pus
brooch	*kerongsang*	crong sung
bracelet	*gelang*	glung
ring	*cincin*	chin chin
chain	*rantai*	run tye
string, rope	*tali*	tah lee
bolt, buckle, button	*kancing*	cun ching
towel	*tuala*	too ah lah
soap	*sabun*	sah bone
mirror	*cermin*	cher min
comb	*sikat*	see cut
scissors	*gunting*	goon ting
needle	*jarum*	jah roam
thread	*benang*	bun ung

uniform, government clothing	*pakaian seragam*
civilian clothes; (a civilian)	*pakaian preman, (preman)*
a tailor	*tukang pakean (I)*
shorts; (trousers)	*seluar pendek; (celana, I)*
underpants, drawers	*seluar dalam*
clothes, garments	*kain baju*
an undervest, singlet	*baju dalam, kaus dalam (I)*
a raincoat	*baju hujan*
an overcoat, a tweed coat	*baju panas*
a Malay coat, a smock	*baju kurung*
a button-up tunic coat	*baju tutup*
a European style coat	*baju kot, jas (I)*
a Malay woman's long coat	*kebaya*
a tight-fitting bodice	*coli, kutang (J)*
a stiff-fronted dress shirt	*kemeja keras, kemeja papan*
a football jersey	*kemeja (main) bola*
a sarong; (a table-cloth)	*kain; (kain meja)*
a sarong folded on the breast	*kain kemban*
a bathing suit; (a bath-clout)	*kain mandi; (kain basahan)*
a loin-cloth, a breech-clout	*kain cawat*
a bib, swaddling clothes	*kain barut*
a duster, a dishcloth; (a rag)	*kain lap; (kain buruk)*
a handkerchief	*sapu tangan, setangan*
a headcloth, a head-kerchief	*kain ikat kepala, tengkolok*
a turban; (a puggaree)	*serban, destar; (pagri)*
a mantilla, a head-sarong	*kain tudung, kelubung (P)*

door hangings; (drapery)	*kain pintu; (tabir)*
window curtains	*kain jendela, langsir*
a curtain, theatrical scenery	*tirai*
woollen cloth; (cotton cloth)	*kain panas; (kain benang)*
a decorated panel on a sarong	*kepala kain*
Indian cotton print sarongs	*kain pelekat*
Siamese flowered silk coverlets	*kain perai*
cloth woven with gold thread	*kain benang emas*
embroidery; (to embroider)	*kain bertekat; (tekat)*
a wax-and-dye cloth, batique	*kain batik*
gauze, muslin; (chintz)	*kain kasa; (kain cita)*
unbleached calico; (a shroud)	*kain belacu; (kain kapan)*
mass-produced cloth; (a score)	*kain kodi; (kodi)*
a bolt of cloth	*sekayu kain*
a glove	*sarung tangan, kaus tangan (I)*
a sock	*sarung kaki, kaus kaki (I)*
a thimble	*sarung jari, jidal*
an envelope; (a pillow-case)	*sarung surat; (sarung bantal)*
a sword scabbard	*sarung pedang*
to wrap up	*bungkus, balut (P)*
a bundle, a package	*bungkusan*
a bandage	*kain balut, kain ikat*
a shoemaker, a cobbler	*tukang kasut*

a shoe, a boot; (rubbers)	*sepatu (I); (sepatu getah)*
a grass-slipper; (to trail)	*kasut seret; (seret)*
a leather sandal	*capal*
wooden clogs; (a slipper)	*terompah; (selipar; selop, D)*
a cap; (a round Malay cap)	*kopiah; (songkok)*
a white skull-cap	*songkok haji, ketayap (P)*
a fez, a tarboosh	*tarbus*
a conical sun-hat; (lamp-shade)	*terendak, (terendak lampu)*
a police baton	*tongkat, cota (P)*
crutches; (the armpit)	*tongkat ketiak; (ketiak)*
to prop up, to buttress	*tongkat, sokong*
a parachute	*payung terjun*
a screw, a propeller	*kipas*
a pungkah, a hanging fan	*pangkah*
a bracelet; (an anklet)	*gelang tangan; (gelang kaki)*
a glass bangle	*gelang kaca*
a key-ring	*gelang kunci*
a metal anklet with tiny bells	*keroncong*
a chain necklace	*rantai leher*
an iron chain, a cable	*rantai besi*
a chain bracelet; (chained)	*rantai tangan; (berantai)*
braces	*tali seluar*
sock suspenders	*tali sarung kaki*
a shoe lace; (a leather strap)	*tali kasut; (tali kulit)*
a belt	*tali pinggang, ikat pinggang*
a necktie	*tali leher, dasi (D)*
the tape at a winning post	*tali hasil*
rigging; (a ship's stays)	*tali-temali; (temberang)*
a humbug; (an agent, a pimp)	*tali keranjang; (tali barut)*

a watercourse, a runnel	*tali air*
a button, a fastener	*butang (E), kancing*
a collar stud	*butang leher, kancing leher*
cuff-links; (a waist-buckle)	*kancing tangan; (pending)*
to bolt a door; (a bolt)	*kancing pintu; (selak)*
a face towel; (a towel)	*tuala muka; (handuk, D)*
a hand towel, a napkin	*tuala tangan, napkin (E)*
a looking-glass	*cermin muka, kaca muka (I)*
glasses, spectacles	*cermin mata, kaca mata (I)*
a window pane, picture glass	*cermin, kaca (I)*
a mirror, glass	*kaca (I)*
a comb; (a harrow)	*sisir (I); (sikat; sisir, I)*
a brush, to brush	*berus (E), sikat (I)*
a hand of bananas	*satu sikat pisang*
shears; (betel-nut scissors)	*gunting besar; (kacip)*
to clip a hedge	*gunting pagar*
a hairdresser, a haircutter	*tukang gunting rambut*
to cut out a jacket	*gunting baju, potong baju*
the hands of a clock	*jarum jam*
the needle of a compass	*jarum pedoman*
to insinuate oneself	*menjarum*
a pin	*pin (E), peniti*
woollen thread, knitting wool	*benang bulu*
a carpenter's guide line	*benang arang*

EXERCISE 10 *The House*

house, home	*rumah*	roo mah
room	*bilik*	bee lay
door, gate	*pintu*	pin too
window	*jendela*	jun day lah
ladder, stairs	*tangga*	tung gah
verandah	*beranda*	brun dah
wood, timber	*kayu*	cah yoo
plank, board	*papan*	pah pun
floor	*lantai*	lun tye
wall	*tembok*	tem bo
partition	*dinding*	din ding
post, pillar, mast	*tiang*	tee ung
roof, palm-thatch	*atap*	ah tup
roof-tile	*genting*	gun ting
drain	*longkang*	long cung
bridge	*jambatan*	jum bah tun
well	*perigi*	pree gee
lane, passage	*lorong*	lo wrong
cross-road	*simpang*	sim pung
cooking-place, kitchen	*dapur*	dah pore
latrine, commode	*jamban*	jum bun
shop	*kedai*	cud dye
store, warehouse	*gudang*	goo dung
market, bazaar	*pasar*	pah sar
church	*gereja*	grey jah

a stone or brick house	*rumah batu, gedung*
a weatherboard house	*rumah papan*
an atap or palm-leaf house	*rumah atap*
a shophouse; (a bungalow)	*rumah kedai; (banglo)*
an eating-house, a hotel	*rumah makan, hotel (E)*
a police station	*rumah pasung, balai polis*
a hospital	*rumah sakit, hospital (E)*
a dispensary; (an asylum)	*rumah ubat; (rumah gila)*
a communal labourer's dwelling	*rumah kongsi, kongsi (C)*
house and home, a home-stead	*rumahtangga*
a fowl house	*rumah ayam, reban, lau (P)*
a dining room	*bilik makan, kamar makan*
a bedroom; (a washroom)	*bilik tidur; (bilik air)*
a room; (barracks)	*kamar (D); (tangsi, D)*
a wickerwork partition; (cubicle)	*bilik (J); (pangkeng, C)*
a water-closet; (a privy)	*kamar kecil (I); (kakus, D)*
an office, a place of business	*ofis (E), kantor (D)*
a police office or station	*kantor polisi (I)*
a Government office; (P.W.D.)	*pejabat; (pejabat raya)*
a classifier of houses	*sepintu rumah*
a sluice-gate	*pintu air*
a swing or half-door	*pintu sekerat*
a threshold, a sill; (a door-post)	*bendul; (jenang)*
a window; (shutters, jalousies)	*tingkap; (tingkap ram)*
a sunblind, a chick	*bidai, kera (J)*
a step, a rung; (a trestle)	*anak tangga; (kuda-kuda)*

a closed-in Malay verandah	*serambi*
a carpenter; (a foot rule)	*tukang kayu; (kayu inci)*
firewood; (mangrove wood)	*kayu api; (kayu bakau)*
camphor wood; (teak)	*kayu kapur; (kayu jati)*
deal, a pink softwood	*kayu meranti*
a dark-red softwood	*kayu seraya*
a yellow hardwood	*kayu cengal*
a heavy brown hardwood	*kayu merbau*
ebony; (Borneo iron-wood)	*kayu arang; (kayu belian)*
a wedge; (to wedge under)	*baji; (sendal)*
a name board	*papan nama*
a blackboard	*papan hitam, papan tulis*
a slate	*papan batu, batu tulis*
a hanging shelf; (a shelf)	*papan gantung; (para)*
a floor board; (a floor beam)	*papan lantai; (rasuk)*
a lath; (a joist)	*beroti; (gelegar)*
a rafter; (a purlin)	*rasau; (gulung-gulung)*
a wooden partition	*dinding papan*
a screen	*dinding, adang-adang*
a trellis, lattice-work	*jala-jala, kisi-kisi*
a flagstaff; (a ship's mast)	*tiang bendera; (tiang kapal)*
a brick pillar; (a lamp-post)	*tiang batu; (tiang lampu)*
a long pole, a punt pole	*galah*
a pile, a stake, a mooring pole	*pancang*
a tiled roof; (the eaves)	*atap genting; (cucur atap)*
a roof; (a ridge-pole)	*bumbung; (tulang bumbung)*
wasp-waisted; a hill-pass	*genting*
a drain	*selokan (J)*
a suspension bridge	*jambatan gantung*

a bridge, a plank walk	*titi*
a pier, a jetty	*jambatan (I), jeti (E)*
a well	*telaga (P), sumur (J)*
a road intersection, four-ways	*simpang empat*
where three roads cross	*simpang tiga*
to branch of roads; (criss-cross)	*bersimpang; (simpang siur)*
a portable earthenware brazier	*keran, anglo (C)*
a money-changer's shop	*kedai duit*
an eating-house	*kedai makan, kedai nasi*
a coffee-shop, a cafe	*kedai kopi, warong kopi (I)*
an eating-stall, a booth	*warong (J)*
a large shop or stores	*gudang, toko (I)*
a cathedral	*gereja besar*

EXERCISE 11 *Adjectives*

old	*tua*	too ah
young	*muda*	moo dah
fat, plump	*gemuk*	gum mo
thin, skinny	*kurus*	coo roos
alive, live	*hidup*	hee dope
dead, die	*mati*	mah tee
clever, skilled	*pandai*	pun dye
stupid	*bodoh*	bo doh
dear, expensive	*mahal*	mah hul
cheap	*murah*	moo rah
sweet	*manis*	mah nis
sour	*masam*	mah sum
bitter	*pahit*	pite
nice, pleasant	*sedap*	sud up
fine, delicate	*halus*	hah loos
coarse, rough	*kasar*	cah sar
heavy, weight	*berat*	brut
light	*ringan*	ring un
thick	*tebal*	tub ul
thin, tenuous	*nipis*	nee pis
hard, stiff	*keras*	crus
soft, pliant	*lembut*	lum boat
rotten; decayed; worn	*buruk*	boo ro
putrid, stinking	*busuk*	boo so
sweet-smelling	*wangi*	wung ee

aged; (to age, to mature)	*tua; (tuakan)*
dark (of colour); (deep red)	*tua; (merah tua)*
the old folk; one's father	*orang tua*
an elder, a headman; an N.C.O.	*ketua*
immature, light (of colour)	*muda*
unripe or green fruit	*buah muda*
light red; (pink)	*merah muda, (merah jambu)*
young folks; the hero of a play	*orang muda*
a rich soil; (grease, fat)	*tanah subur (gemuk, I)*
fat, oily, rich; short (of pastry)	*lemak*
fat, corpulent; (distended)	*buncit; (kembung)*
live prawns; (fresh milk)	*udang hidup; (susu hidup)*
livelihood, living	*kehidupan*
to kill, to extinguish	*kasi mati*
to stop of an engine; (do. watch)	*enjin mati; (jam mati)*
a fixed price; (freehold)	*harga mati; (gran mati)*
to die of wind; (dead of tide)	*angin mati; (air mati)*
a daredevil, foolhardy	*berani mati*
dead-beat; (half-dead)	*mati penat; (setengah mati)*
a dead person; (a corpse)	*orang mati; (mayat)*
a dead body, a carcase	*bangkai*
to die (of animals), to "croak"	*mampus*
to be good at one's work	*pandai kerja*
clever, sagacious, sensible	*bijak*
quick-witted, cunning, sly	*cerdik*

clever, sharp, knowing	*pintar (I)*
a fool, an idiot	*orang bodoh*
liberal, generous	*murah hati*
sweet or pleasant-looking	*muka manis*
light (of colours); (brown)	*manis; (hitam manis)*
preserves, sweets; (molasses)	*manisan; (manisan tebu)*
honey	*manisan lebah, air madu*
candied fruit; Turkish delight	*halwa*
diabetes	*kencing manis*
sour-faced, sulky; (to sulk)	*masam muka; (merajuk)*
sour, acid; (tamarind)	*asam; (asam jawa)*
the juice of a sour lime	*asam limau*
astringent, tart	*kelat*
orange bitters; (angostura do.)	*pahit kuning; (pahit merah)*
agreeable to the senses	*sedap*
to feel out of sorts	*tak sedap badan*
to feel ill at ease	*tak sedap hati*
enjoyable, pleasant, delicious	*enak (I)*
fine cloth or material	*kain halus*
to speak genteelly, polite talk	*cakap halus*
to talk rudely, coarse language	*cakap kasar*
rough or unfinished work	*kerja kasar*
heavy expenses; (a large fish)	*belanja kasar; (ikan kasar)*
hard labour; (seriously ill)	*kerja berat; (sakit berat)*
sluggish in movement; (dull)	*berat kaki; (berat kepala)*
weighty, momentous; (important)	*berat; (mustahak, penting, J)*

heavy, stodgy, solid	*bentat*
light, not heavy	*enteng (I)*
thin, delicate	*tipis (I)*
strong drink; (strong tea)	*minuman keras; (teh keras)*
a severe rule; (a strong smell)	*perintah keras; (bau keras)*
tough; (obstinate)	*keras; (keras hati, degil)*
stiff, rigid; (awkward)	*kaku; (kekok)*
tender meat; (floury, well-done)	*daging lembut, (empuk)*
gentle, soft, yielding	*lemah-lembut*
weak, flabby	*lemah*
soft (of food), mushy, pulpy	*lembik*
worn-out shoes; (crumbling)	*kasut buruk; (reput)*
plain-looking, ugly	*rupa buruk*
a sea-lawyer; (a bad name)	*loyar buruk; (nama buruk)*
ill-natured; (ill repute)	*busuk hati; (nama busuk)*
a rotten egg; (addled)	*telur busuk; (tembelang)*
scent, perfumery; (fragrant)	*air wangi; (harum)*

EXERCISE 12 *Verbs*

sell	*jual*	joo ul
buy	*beli*	blee
divide, allot; give	*bagi*	bah gee
receive	*terima*	tree mah
help	*tolong*	toe long
send, despatch	*kirim*	kee rim
meet, come across	*jumpa*	joom pah
lose, disappear	*hilang*	hee lung
calculate, reckon	*kira*	kee rah
borrow	*pinjam*	pin jum
owe, debt	*hutang*	oo tung
pay	*bayar*	bah yar
remain over; stay	*tinggal*	ting gul
promise, agree	*janji*	jun jee
hire, rent	*sewa*	say wah
change, exchange	*tukar*	too car
replace, substitute	*ganti*	gun tee
return, go back	*balik*	bah lay
turn round, revolve	*pusing*	poo sing
be silent, quiet; dwell	*diam*	dee um
run, run away	*lari*	lah ree
play, sport, games	*main*	mine
sit; reside	*duduk*	doo doe
stand up	*berdiri*	ber dee ree
fall	*jatuh*	jah toh

to let, to cause to, to give	*bagi (P)*
to let out, to give out	*bagi keluar*
for me, on my behalf; (for)	*bagi saya; (bagi)*
to divide, to halve	*bahagi dua, bagi dua*
a share, a portion, a lot	*bagian, untuk, habuan (P)*
with a view to; (for eating)	*untuk; (untuk makan)*
thanks (receipt of favour)	*terima kasih*
welcome (thanks in return)	*terima kasih kembali (I)*
to receive a guest	*sambut*
please; (be kind enough to ask)	*tolong; (tolong tanya)*
a helper, an assistant	*penolong, kakitangan*
to aid, to assist, to back	*bantu*
to happen on, to find	*jumpa, berjumpa, ketemu (I)*
to meet, to contact	*temu, bertemu*
a meeting; (an assembly)	*pertemuan; (majlis)*
accounts; approximately	*kira-kira*
to put down to account	*masuk kira*
to arrange with, to negotiate	*kira dengan*
in case, by chance, supposing	*sekiranya*
to ask for a loan; (to lend)	*minta pinjam; (kasi pinjam)*
to be in debt, to owe	*ada hutang, berhutang*
a promissory note, an I.O.U.	*surat hutang*
left behind; (to die, to pass on)	*tertinggal; (meninggal)*
place of residence; (address)	*tempat tinggal; (alamat)*
to make a bargain, to contract	*janji, berjanji*

an agreement, an arrangement	*perjanjian*
fare; (freight, passage money)	*sewa; (tambang)*
to engage for hire; a fee	*upah*
to alter, to transfer	*tukar*
to change money	*tukar wang, tukar duit*
to change one's clothes	*tukar pakaian; bersalin*
to change form; to translate	*salin*
to be confined, to give birth	*bersalin*
a change of clothing	*persalinan*
a relief; instead of, in place of	*ganti*
to compensate for loss	*ganti rugi*
in turn, in rotation	*berganti-ganti, bergilir-gilir*
a turn, in rotation	*berganti-ganti, bergilir-gilir*
a turn, a tour	*gilir*
behind, the reverse, back of	*balik*
to return, to turn over	*kasi balik, balikkan*
to refund; (to recall)	*bayar balik, (panggil balik)*
overturned; (to and fro)	*terbalik; (pergi balik)*
to turn to the left	*balik kiri, belok kiri*
to return, go back; (to restore)	*kembali (I); (kembalikan)*
to twist, to swindle; (giddy)	*pusing; (pusing kepala)*
a weathercock; (a whirligig)	*pusing angin; (bulang-baling)*
to turn, to rotate; (evasive)	*putar (I); (putar balik)*
to revolve; a whorl; (an eddy)	*pusar; (pusaran air)*
hush, be silent; (quite still)	*diam, (diam-diam)*
to evade customs; (to desert)	*lari cukai; (lari kerja)*

to desert to the enemy	*belot*
to rebel, treason; (a rebel)	*derhaka; (orang derhaka)*
to play the fool; (in fun)	*main gila; (main-main)*
a game, a show, a performance	*permainan*
no joking matter, very, gee!	*bukan main*
to jest; (droll, funny)	*gurau, lawak (P); (kelakar)*
to settle (of liquid); (a seat)	*duduk; (tempat duduk)*
to sit crosslegged	*duduk bersila*
to squat; (to perch)	*bertinggung; (tenggek)*
to set upright; (to erect)	*kasi berdiri; (dirikan)*
to fall prematurely as fruit	*gugur*
to fall as leaves, to shed	*luruh*
to fall out as teeth or hair	*tanggal*
to fall as houses; (do. of earth)	*roboh; (runtuh)*
to fall (of trees), to topple	*tumbang*
to fall down on top of	*timpa*
to fall in driblets, to spill	*cicir*
to slip off; (to side-slip)	*lucut; (gelincir)*

EXERCISE 13 *Money and Race*

price, cost	*harga*	har gah
dollar	*ringgit*	ring git
money	*wang*	wung
gold	*emas*	mus
silver	*perak*	pay ra
expense, spend	*belanja*	blun jah
wages	*gaji*	gah jee
gain, profit; fate, luck	*untung*	oon tong
loss, damage	*rugi*	roo gee
safety, security; peace	*selamat*	slah mut
greetings	*tabik*	tah bay
news	*khabar*	cah bar
name	*nama*	nah mah
age	*umur*	oo more
language	*bahasa*	bah hah sah
race, breed	*bangsa*	bung sah
place, locality; receptacle	*tempat*	tum putt
village	*kampung*	cum pong
country, state	*negeri*	nug ree
flag	*bendera*	bun day rah
ship	*kapal*	cah pul
carriage, cart	*kereta*	cray tah
letter	*surat*	soo rut
paper	*kertas*	cur tus
ink	*dakwat*	dah wut

to fix a price; (to evaluate)	*taruh harga; (hargakan)*
to go up in price	*naik harga*
to come down in value	*turun harga, jatuh harga*
valuable	*ada harga, berharga*
to value, to appraise	*nilai, taksir (D)*
an Indonesian florin; (a rupee)	*rupiah; (rupiah Hindia)*
paper money, a note	*wang kertas, not (E)*
a treasurer, a shroff, a cashier	*tukang wang, kasir (D)*
monetary interest; (usury)	*bunga wang; (makan bunga)*
money, a quarter-cent; (a cent)	*duit (D); (sen, E; duit, P)*
ready money; (to pay cash)	*wang tunai; (bayar tunai)*
small change; (coppers)	*duit kecil; (duit tembaga)*
small silver coins (a shilling)	*syiling (E), wang perak (I)*
a ten-cent piece	*sekupang (P), sepicis (I)*
a twenty-five cent piece	*satu suku, setali (I)*
mean, miserly	*sayang duit, lokek, kedekut*
alms; (to beg)	*sedekah; (minta sedekah)*
gold trinkets, jewellery	*barang emas*
a jeweller, a goldsmith	*tukang emas*
gold leaf; (tinsel)	*kertas emas; (perada)*
gold thread; (gilding)	*benang emas; (air emas)*
pure gold; (alloyed gold)	*emas tua; (emas muda)*
platinum	*emas putih*
a gold and copper alloy	*suasa*
purity of gold; (24 carat)	*mutu; (emas sepuluh)*
quicksilver, mercury	*raksa*
money for household use	*duit belanja rumah*
expenditure, charge, rate	*ongkos (D)*
to work for hire or wages	*makan gaji*

an employee, a servant	*orang makan gaji*
luckily; (by good fortune)	*untung; (untung baik)*
luck; (luck-bringing)	*tuah; (bertuah)*
recompense, reward, profit	*pahala*
to be out of pocket	*kena rugi, dapat rugi*
to save, to rescue; (safe)	*kasi selamat; (sudah selamat)*
your health! (a drinking toast)	*selamat; (selamat minum)*
farewell (to those leaving)	*selamat jalan*
good-bye (to those remaining)	*selamat tinggal*
a safe voyage, bon-voyage	*selamat belayar*
good-night; (good-evening)	*selamat tidur; (selamat malam, I)*
peace be on you; (peace)	*assalamualaikum; (salam)*
and on you be peace (in reply)	*wa alaikum salam*
to send one's regards	*kirim tabik*
to pay respects, to salute	*kasi tabik, angkat tabik*
what's the news? (how are you)	*apa khabar*
good news (quite well thanks)	*khabar baik*
to obtain tidings or information	*dapat khabar*
a newspaper	*suratkhabar, kertas khabar*
a rumour; (it is said)	*khabar angin; (konon)*
a bad reputation	*nama tak baik*
what's this called?	*apa nama ini*
named, called; (famous)	*bernama; (masyhur)*
title, nickname; (designation)	*gelar; (gelaran)*

long-lived; (long life! – a toast)	*umur panjang; (panjang umur)*
as long as I live	*seumur hidup*
middle-aged	*tengah umur, separuh umur*
to be of age, marriageable	*cukup umur*
an interpreter; (an idiom)	*jurubahasa; (jalan bahasa)*
polite, well-bred	*tahu bahasa*
species, kind, sort, variety	*bangsa*
a Bugis by race; (well-born)	*bangsa Bugis; (berbangsa)*
of good family or descent	*bangsa baik*
a clan, a tribe; (our section)	*suku; (suku kita, P)*
a bathing-place, a bath	*tempat mandi*
a stand for horse carriages	*tempat kereta kuda*
an inkpot, an inkstand; (ink)	*tempat dakwat; (tinta, I)*
a flower vase; (an ash tray)	*tempat bunga; (tempat abu)*
a salt-cellar; (a milk jug)	*tempat garam; (tempat susu)*
no room; (a receptacle)	*tak ada tempat; (bekas)*
a villager; (rural, a hamlet)	*orang kampung; (desa, I)*
a compound, grounds	*kampung, pekarangan (I)*
a holding, an area, a plot	*kawasan*
Holland; (territory, colony)	*negeri Belanda; (jajahan)*
a native of a place	*anak negeri*
to embark, to go by ship	*naik kapal*
a steamship, a steamer	*kapal api*
a sailing ship	*kapal layar*
a warship	*kapal perang*
a submarine	*kapal selam*
a cargo ship	*kapal dagang, kapal muatan*
a shipwreck	*kapal pecah*

a seafaring man, a seaman	*orang kerja kapal*
a train, a railway	*keretapi*
a bullock-cart	*kereta lembu*
a handcart	*kereta tangan, gadi (P)*
a wheelbarrow	*kereta sorong*
a water-cart; (a garbage cart)	*kereta air; (kereta sampah)*
an ambulance	*kereta orang sakit*
a pony cart; (back-to-back do.)	*dokar (I), (sado, I)*
a cart, a waggon, a van	*gerabak*
a bicycle	*basikal (E); sepeda (D)*
any written matter; a book	*surat, buku (E)*
a letter; (an anonymous letter)	*surat kiriman; (surat terbang)*
a testimonial; (an invitation)	*surat kerja; (surat jemputan)*
a notice; (a placard)	*surat pemberitahu; (pelekat)*
a list; (a dictionary)	*daftar, lis (E); (kamus)*
a letter of the alphabet	*huruf*
blotting-paper	*kertas kembang, kertas tekap*
brown paper, wrapping paper	*kertas merah, kertas bungkus*
cardboard; (waste paper)	*kertas papan; (kertas buruk)*
a pen	*pen (I), pena (I), kalam*
a pencil	*pensil (E), potlot (D)*

EXERCISE 14 *The Family and Persons*

self, oneself	*sendiri*	sun dee ree
male, man	*jantan*	jun tun
female	*betina*	but ee nah
woman	*perempuan*	prome poo un
mother	*emak*	ma
father	*bapa*	bah pa
husband	*laki*	lah kee
wife	*bini*	bee nee
child, young of animals	*anak*	ah na
lad, lass, youngster	*budak*	boo da
elder brother	*abang*	ah bung
younger brother or sister	*adik*	ah day
elder sister	*kakak*	cah ca
brother, sister; relation	*saudara*	sow dah rah
friend	*kawan*	cah won
king, prince	*raja*	rah jah
teacher	*guru*	goo roo
clergyman, priest	*paderi*	pah dree
master, sir	*tuan*	too un
nursemaid	*ayah*	aye ah
clerk	*kerani*	crah nee
washerman, dhoby	*dobi*	doe bee
groom, coachman	*sais*	syce
workman, artisan	*tukang*	too cung
labourer, coolie	*kuli*	coo lee

I myself	*saya sendiri, diri saya*
alone, by oneself; (self)	*seorang diri; (diri)*
a man; (manly)	*orang jantan; (anak jantan)*
a cock; (a stallion)	*ayam jantan; (kuda jantan)*
a man	*laki-laki, orang laki (I)*
a human being	*manusia*
a woman (familiarly)	*orang betina, betina*
a hen; (a mare)	*ayam betina, (kuda betina)*
venereal disease; (a lady)	*sakit perempuan; (siti)*
parents, father and mother	*emak bapa, ibu bapa*
a step-mother; ("step")	*emak tiri; (tiri)*
an adopted mother	*emak angkat*
pa, daddy; (a father — polite)	*bapa; (ayah)*
to have a husband; (married)	*ada laki; (berlaki)*
a husband (in polite circles)	*suami*
to have a wife; (married)	*ada bini; (berbini)*
a married couple; (a family)	*laki-bini; (anak bini)*
the first wife; (a secondary do.)	*bini tua; (bini muda)*
a wife (in polite circles)	*isteri*
to be a fellow wife; (rival wife)	*bermadu; (madu)*
a paramour, a mistress	*kendak*
a son	*anak jantan, anak lelaki*
a daughter	*anak perempuan, anak betina*
a maiden, a virgin	*anak dara, perawan, gadis (I)*
a small child, a baby	*anak kecil, bebi (E), bayi (J)*
twins; (twin, duplicate)	*anak kembar; (kembar)*
the eldest child; (eldest)	*anak sulung; (sulung)*

the youngest child; (youngest)	*anak bungsu; (bungsu)*
an adopted child; (a step-child)	*anak angkat; (anak tiri)*
an illegitimate child	*anak haram, anak gampang*
a chicken; (a fledgling)	*anak ayam; (anak burung)*
a disciple; (a pupil)	*anak murid; (murid)*
a son or native of; (a native)	*anak; (anak negeri)*
a doll; (a puppet, an image)	*anak-anakan; (patung)*
to give birth; (childless)	*beranak; (tak beranak)*
a Malay; (local-born)	*anak Melayu; (peranakan)*
folk of Tamil-Malay ancestry	*Jawi peranakan, Jawi Pekan*
to be born; (a birthday)	*lahir; (hari lahir, I)*
a son of; (a daughter of)	*bin; (binti)*
a maid, maidenhead; (a heifer)	*dara; (lembu dara)*
descendants; (followers)	*anak cucu; (anak buah)*
a component part of a whole	*anak*
a rivulet, a creek; (a tributary)	*anak air; (anak sungai)*
a young girl; (do. European)	*budak perempuan; (noni, I)*
youths, young kids; (children)	*budak-budak; (kanak-kanak)*
a youth; (a European boy)	*kacung (J); (sinyo, I)*
a "boy", a servant; (boy!)	*boy (E), (jongos (D); (bung, I)*
an elder brother; (do. Indian)	*kang (J); (bai, nana)*
a younger sister	*adik, adik perempuan*
brothers and sisters	*adik-beradik*

any close relative or friend	*saudara, sudara (I)*
an uncle	*bapa saudara, pak penakan (P)*
an aunt	*emak saudara, mak penakan (P)*
a nephew or niece	*anak saudara, anak penakan (P)*
nephews, nieces; (a cousin)	*kemanakan (I); (sepupu)*
family, people; group, party	*kaum*
a companion; (to accompany)	*kawan, teman; (teman)*
a friend, a comrade	*sahabat, sabat, sobat (I)*
a school of fish; (a flock)	*sekawan ikan; (sekawan)*
of royal blood; (a prince)	*anak raja; (petera; putera, I)*
a princess; (do. of romance)	*peteri; puteri; (tuan peteri)*
a prince or princess; (minor do.)	*tengku; (engku)*
a crown prince (heir-apparent)	*raja muda, tengku besar*
a sultan; (a queen consort)	*sultan; (tengku ampuan)*
H.M. the King; (royalty)	*baginda raja; (baginda)*
a queen	*raja perempuan, (permaisuri)*
a crown; (royal)	*mahkota, keraun (E); (diraja)*
a prince; (a noble)	*raden (J); (pangeran, J)*
a queen (in cards); an aunt	*bibi*
a kingdom, state, government	*kerajaan*

the East India Co., government	*kompeni (E)*
to be a government servant	*kerja kompeni*
a drill instructor	*guru baris, guru kawat*
a teacher of native languages	*munsyi*
a religious teacher; (a bonze)	*pendita (I); (sami)*
an Islamic prayer leader	*imam*
a European; Mr.; (a Haji)	*tuan; (tuan haji)*
a European manager, the boss	*tuan besar*
a European assistant	*tuan kecil*
a householder; a host	*tuan rumah*
the owner of a shop	*tuan kedai*
an estate manager	*tuan kebun*
a ruling sovereign; (my Lord)	*tuanku*
the ruler (a title), over-lord	*yang di pertuan, yamtuan*
the Prophet's des-cendants; (f.)	*tuan saiyid; (puan syarifah)*
a well-to-do Chinese, a towkay	*tauke (C)*
a Malayan-born Chinese man	*baba*
a Malayan-born Chinese woman	*nyonya*
madam, ma'am, Mrs	*mem (E), nonya (I)*
an unmarried woman, Miss	*misi (E), nona (I)*
a native house-wife, a mistress	*nyai (J)*
Mr., Mrs. or Miss of Malays	*encik, puan, cik*

a Chinese nurse; (an Indian do.)	*amah; (ayah)*
a Javanese maidservant	*babu (J)*
a clerk, a writer	*jurutulis (I)*
a secretary; (loyal, faithful)	*setiausaha; (setia)*
the laundry; (a washerman)	*rumah dobi; (menatu, J)*
a coachman; (a groom)	*kusir (D); (tukang kuda, I)*
a motor-car driver, a chauffeur	*sais, drebar (E), supir (D)*
an under house-servant, a T.A.	*tukang air*
an expert, a skilled person	*juru*
a flyer (pilot); (an engineer)	*juruterbang; (jurutera)*

EXERCISE 15 *The Body*

head	*kepala*	cup ah lah
hair (of head)	*rambut*	rum boat
face	*muka*	moo cah
moustache	*misai*	mee sye
beard	*janggut*	jung goat
eye	*mata*	mah tah
ear	*telinga*	tul ing ah
nose	*hidung*	hee dong
mouth	*mulut*	moo lote
tongue	*lidah*	lee dah
tooth	*gigi*	gee gee
neck	*leher*	lay hair
foot, leg	*kaki*	cah kee
hand, forearm	*tangan*	tung un
finger, toe	*jari*	jah ree
nail, claw, hoof	*kuku*	coo coo
body	*badan*	bah dun
chest, breast	*dada*	dah dah
liver; heart, mind	*hati*	hah tee
stomach	*perut*	prote
waist	*pinggang*	ping gung
skin, hide; bark; shell	*kulit*	coo lit
feather; fur; wool, hair	*bulu*	boo loo
bone	*tulang*	too lung
blood	*darah*	dah rah

a village headman; (a heading)	*kepala kampung; (kepala surat)*
swollen-headed; (flighty)	*besar kepala; (kepala angin)*
to carry on the head	*junjung*
to bow the head; (to nod)	*tunduk; (angguk)*
frizzy-haired; (grey-haired)	*rambut kerinting; (uban)*
matted of hair; (on end do.)	*kusut; (seram)*
a crest, a tassel; (a cockscomb)	*jambul; (balung ayam)*
dandruff, scurf	*kelumumur*
the face of a cloth	*muka kain*
the page of a book	*muka surat*
the surface of water	*muka air*
a decorated pillow-end	*muka bantal*
a wooden mask; (a mask)	*muka kayu; (topeng)*
a face veil	*tudung muka*
looks, expression; (to lose face)	*air muka; (jatuh air muka)*
in front of the door; (ahead)	*di muka pintu; (di muka, I)*
brazen-faced	*muka papan, muka tebal (P)*
a moustache; (whiskers)	*kumis (I); (cambang)*
a focal point, an orifice, a blade	*mata*
the direction of the wind	*mata angin*
the head of a boil	*mata bisul*
the stone of a ring	*mata cincin*
a spring, a source	*mata air, umbul (J)*
tears; (to shed tears)	*air mata; (keluar air mata)*
mesh of net; (knot of wood)	*mata jaring; (mata kayu)*
a six-chambered revolver	*pistol enam mata*
lozenge-shaped; trellis-work	*mata punai*

the blade of a knife; (a nib)	*mata pisau; (mata kalam)*
the eyeball; (the pupil)	*biji mata; (anak mata)*
corner of the eye; (to ogle)	*ekor mata; (main mata)*
cross-eyed; (to squint)	*mata juling; (juling)*
an eyelid; (a sheath, a calyx)	*kelopak mata; (kelopak)*
a cataract; (a film)	*selaput mata; (selaput)*
the lobe of the ear; (an ear)	*cuping telinga; (kuping)*
the eardrum; (a jar handle)	*anak telinga; (telinga tempayan)*
bridge of nose; (clear-cut do.)	*batang hidung; (hidung mancung)*
the nostrils; (mucus, snot)	*lubang hidung; (hingus)*
to interrupt, to interfere	*masuk mulut*
to be a tale bearer; (to blab)	*bawa mulut; (mulut bocor)*
a babbler, garrulous	*mulut panjang, banyak mulut*
the muzzle of a gun	*mulut senapang*
familiar in speech; (effusive)	*ramah mulut; (ramah)*
a beak; (a snout, a spout)	*paruh; (muncung)*
an elephant's trunk	*belalai*
the uvula; (loquacious)	*anak lidah; (lidah panjang)*
a dentist; (a molar)	*tukang gigi; (geraham)*
false teeth; (stopped teeth)	*gigi palsu; (gigi tampal)*
ivory; (a canine tooth, a tusk)	*gading; (taring, siong, I)*
the gums; (the jaw)	*gusi; (rahang)*
to be on edge (of teeth)	*ngilu; seriau (P)*
the water's edge; (jungle fringe)	*gigi air; (gigi hutan)*

the throat, the gullet	*rengkung, kerongkong (I)*
palate, appetite; (a dry throat)	*tekak; (tekak haus)*
a base, a pedestal; an agent	*kaki*
a candlestick; (a foundation)	*kaki lilin; (kaki tembok)*
to go on foot; (a pavement)	*jalan kaki; (kaki lima)*
a trouser leg; (a hard drinker)	*kaki seluar; (kaki minum)*
the ankle; (the instep)	*mata kaki; (kura-kura kaki)*
the calf of the leg; (a pace)	*betis; (langkah)*
the arm; (a limb)	*lengan, tangan; (anggota)*
a coat sleeve; (to meddle)	*tangan baju; (masuk tangan)*
to waive; (to beckon)	*lambai; (gamit)*
to grasp, a fist; (a handful)	*genggam; (segenggam)*
a yard, an ell; (a cubit)	*ela; (seta, hasta)*
a fathom; (a span of the hand)	*depa; (jengkal)*
the toes; (the big toe)	*jari kaki; (ibu kaki)*
the ring finger; (middle finger)	*jari manis; (jari hantu)*
the forefinger, index-finger	*jari telunjuk, telunjuk*
the thumb; (the little finger)	*ibu jari, jempul; (kelengkeng)*
to cut the fingernails	*buang kuku*
the body; (coition)	*tubuh; (setubuh)*
the heart; (heart-shaped)	*jantung hati; (jantung)*
the pit of the stomach	*ulu hati*
the feelings, disposition	*hati*
to be elated; (to feel hurt)	*besar hati; (kecil hati)*
to bear a grudge; (to brood)	*sakit hati; (makan hati)*

to be angry; (to be enraged)	*panas hati; (bakar hati)*
to feel estranged; (compassion)	*jauh hati; (belas hati)*
to be heart-broken	*hancur hati, rusak hati*
to fall in love; (to captivate)	*jatuh hati; (ambil hati)*
darling; (a propitiatory gift)	*buah hati; (sagu hati)*
to interest; (to oneself)	*tarik hati; (di dalam hati)*
to encourage; (to observe)	*beri hati; (perhati)*
to suspect; (suspicious)	*syak hati; (syak)*
the intestines; (the innards)	*tali perut; (isi perut)*
an appetiser; (tripe)	*alas perut; (perut lembu)*
the navel; (the navel-string)	*pusat; (tali pusat)*
the kidneys	*buah pinggang*
the gizzard; (the gall)	*hempedal; (hempedu)*
oxhide, leather; (orange peel)	*kulit lembu; (kulit limau)*
the bark of a tree	*kulit kayu*
an egg shell; (a book-cover)	*kulit telur (kulit buku)*
dark-skinned; (fawn-coloured)	*kulit hitam; (kulit langsat)*
hair on the body; (downy hair)	*bulu; (bulu roma)*
the eyelashes; (the nap of cloth)	*bulu mata; (bulu kain)*
the eyebrows; (the brows)	*bulu kening; (kening; alis, I)*
horsehair; (wool)	*bulu kuda; (bulu kambing)*
a mane; (the nape of the neck)	*bulu tengkuk; (tengkuk)*
a feather-duster, a shuttlecock	*bulu ayam*

the shin-bone; (the spine)	*tulang kering; (tulang belakang)*
to bleed; (bloody)	*keluar darah; (berdarah)*
hot-tempered; (kith and kin)	*panas darah; (darah daging)*

EXERCISE 16 *Verbs*

like, enjoy	*suka*	soo cah
sick, ill; in pain, hurt	*sakit*	sah kit
remember	*ingat*	ing ut
forget	*lupa*	loo pah
teach	*ajar*	ah jar
learn	*belajar*	blah jar
read	*baca*	bah chah
write, draw	*tulis*	too lis
spell	*eja*	eh jah
think	*fikir*	pee keer
understand, meaning	*erti*	er tee
be acquainted with; know	*kenal*	cun ul
choose, pick	*pilih*	pee leh
try	*cuba*	cho bah
fix, fit together, fasten	*pasang*	pah sung
incur, experience; contact	*kena*	cun ah
become; do, serve	*jadi*	jah dee
accustomed to, usually	*biasa*	bee ah sah
proper, fitting; ought	*patut*	pah tote
must	*mesti*	mus tee
let, allow	*biar*	bee are
fry	*goreng*	go reng
boil	*rebus*	rub oos
roast, toast	*panggang*	pung gung
burn	*bakar*	bah car

joy; (to prefer)	*suka; (lebih suka)*
to feel glad; as you like	*suka hati*
to be merry, jolly, pleasant	*seronok (P)*
to approve of, satisfactory	*berkenan*
to fall ill, to get ill	*jatuh sakit, dapat sakit*
a stomach-ache; (gripes)	*sakit perut; (mulas perut)*
a disease, an illness; (unwell)	*penyakit; (uzur)*
to recall, to recollect, to think	*ingat*
to remind, to warn; (take care)	*kasi ingat; (ingat-ingat)*
memory, a warning; (a caution)	*ingatan; (amaran)*
to dwell fondly on; (a keepsake)	*kenang; (kenang-kenangan)*
unmannerly, rude, insolent	*kurang ajar*
an instructor; (instruction)	*pengajar; (pengajaran)*
a lesson; learning, knowledge	*pelajaran*
a train, to practice; (a cadet)	*latih; (pelatih)*
to study; to read the Koran	*mengaji*
to recite a prayer; (a reader)	*baca doa; (pembaca)*
to draw a picture; (to draw)	*tulis gambar; (lukis)*
Romanized Malay; (writing)	*tulis Rumi; (tulisan)*
Malay in the Arabic script	*tulis Jawi*
to compose; (a composition)	*karang; (karangan)*

an author, editor; (a writer)	*pengarang; (penulis)*
to ponder; (a thought, opinion)	*fikir, berfikir; (fikiran)*
to lose one's wits or head	*hilang fikiran, hilang akal*
to suspect; to dream, to think	*sangka*
to understand; (the meaning)	*mengerti; (makna)*
to explain, to interpret	*kasi erti*
to comprehend; (misunderstand)	*faham; (salah faham)*
to be well-versed in, expert	*ahli*
to recognize; (an acquaintance)	*kenal; (kenalan)*
to know well; (to introduce)	*kenal biasa; (beri kenal)*
would you mind asking	*cuba tanya*
to try on; to feint; (a mould)	*acu; (acuan)*
to assemble or make a bed	*pasang tempat tidur*
to light a lamp; (to set a table)	*pasang lampu; (pasang meja)*
to hoist a flag; (to set a sail)	*pasang bendera; (pasang layar)*
to fire a cannon; (to set a net)	*pasang meriam; (pasang jaring)*
to switch on a light; to kindle	*pasang api*
to do up or put in shoelaces	*pasang tali kasut*
to pay attention, to listen	*pasang telinga*
the rising tide; (the tidal flow)	*air pasang; (pasang)*

high tide; (dead low water)	*pasang penuh; (timpas)*
the ebb tide; (to ebb)	*air surut; (surut)*
a suit, a pair; (to pair, to mate)	*sepasang; (pasang)*
to get, to suffer; to match	*kena*
not hit, untouched; unsuitable	*tak kena*
what's occurred or the matter?	*apa kena*
to get a beating; (to get shot)	*kena pukul; (kena tembak)*
to be hit 'full'; (do. slightly)	*kena pasang; (kena sikit)*
to be taken in or deceived	*terkena*
what happened? (that will do)	*apa jadi; jadilah*
it won't do, its off; a failure	*tak jadi*
to come into being; so, therefore	*jadi*
to be a clerk; (a birthday)	*jadi kerani; (hari jadi)*
to be in the habit of	*biasa*
as usual; (ordinarily, normally)	*seperti biasa; (biasanya)*
unfair, unreasonable, not right	*tak patut*
proper, should; (fair, fitting)	*harus; (pantes, J)*
necessary, requisite, urgent	*perlu*
fried bananas; (to dry fry)	*pisang goreng; (rendang)*
to cook in oil and seasoning	*tumis*
parched or popped rice; (to pop)	*beras bertih; (bertih)*

to scald; (to brand with iron)	*celur; (selar)*
a hot dry compress	*tuam, demah (P)*
to apply a plaster	*pupuk*
to grill fish; (a brick-kiln)	*bakar ikan; (bakar bata)*
a house on fire; (burnt)	*rumah terbakar; (terbakar)*
charred, burnt; (crisp)	*hangus; (garing)*

EXERCISE 17 *Adjectives*

rich	*kaya*	cah yah
poor	*miskin*	mis kin
mad	*gila*	gee lah
drunk	*mabuk*	mah bo
brave, dare	*berani*	brah nee
frightened, afraid	*takut*	tah coat
ashamed, shy	*malu*	mah loo
proud, arrogant	*sombong*	soam bong
jealous	*cemburu*	chum boo roo
ticklish	*geli*	glee
industrious, diligent	*rajin*	rah jin
lazy, idle	*malas*	mah lus
tired, weary	*penat*	pun ut
hungry	*lapar*	lah par
thirsty; worn away	*haus*	house
full, replete	*kenyang*	cun young
naked, nude	*telanjang*	tul un jung
sharp	*tajam*	tah jum
blunt	*tumpul*	toom pole
level, flat	*rata*	rah tah
round, spherical	*bulat*	boo lut
crooked, bent	*bengkok*	beng co
smooth, slippery	*licin*	lee chin
leaky	*bocor*	bo chore
spoilt, damaged	*rosak*	roe sa

a beggar; (a poor-house)	*orang miskin; (rumah miskin)*
an idiot; (eccentric)	*orang gila; (gila bahasa)*
to be keen or mad on women	*gila perempuan, gila urat*
epilepsy; (convulsions)	*gila babi; (sawan)*
a drunken person; (seasick)	*orang mabuk; (mabuk laut)*
to faint at sight of blood	*mabuk darah*
for fear that, lest; (a coward)	*takut; (penakut)*
startled, alarmed; (to startle)	*terkejut, terperanjat; (kejut)*
to be put to shame, disgraced	*dapat malu*
shame; the genitals	*kemaluan*
the female organ; (do. coarse)	*kemaluan betina (puki)*
the male organ, penis; (testes)	*pelir, batang pelir; (buah pelir)*
shy, wild of animals	*liar*
docile, tame of animals	*jinak*
amused; (to tickle; skittish)	*geli hati; (geletek)*
to come often; (hard-working)	*rajin datang; (usaha)*
reluctant; (neglectful, sleepy)	*segan; (lalai)*
to stop for a rest	*berhenti penat*
weary, fagged out	*letih, capek (J)*
thirsty; (to die of thirst)	*dahaga; (mati dahaga)*
stark naked	*telanjang bulat*
caustic; (sharp-witted)	*tajam mulut; (akal tajam)*
dazed, dull; (blunt, dull)	*bingung; (majal, I)*
everywhere; (the whole)	*rata-rata; (antero)*
to strike an average	*pukul rata, rata-rata (I)*
flat, thin; (flat, shrunk)	*pipih; (kempis)*

whole, entire; (to cook whole)	*bulat; (masak bulat)*
lengthwise; (oval)	*bujur; (bujur telur)*
crooked, zigzag; (to bend)	*bengkang-bengkok; (lentur)*
oblique, at an angle; (awry)	*serong; (herot)*
glossy hair; (slime, mucus)	*rambut licin, (lendir)*
to leak slightly, to ooze	*tiris*
bad eyes, injured sight	*rosak mata*
ruined; (utter destruction)	*binasa; (rosak binasa)*

EXERCISE 18 *Colours, Senses and Amusements*

colour	*warna*	war nah
black	*hitam*	hee tam
white	*putih*	poo teh
red	*merah*	may rah
yellow	*kuning*	coo ning
green	*hijau*	hee jow
blue	*biru*	bee roo
smell, odour	*bau*	bow
form, appearance	*rupa*	roo pah
taste, feeling	*rasa*	rah sah
voice	*suara*	soo ah rah
noise, sound	*bunyi*	boon yee
chatter, clatter	*bising*	bee sing
row, tumult	*gaduh*	gah doh
mistake	*silap*	see lup
leave, vacation	*cuti*	choo tee
theatrical show	*wayang*	wah young
tune	*lagu*	lah goo
verse, quatrain	*pantun*	pun tone
violin	*biola*	bee oh lah
drum	*tambur*	tum bore
gong	*gong*	gong
bell	*loceng*	lo cheng
ball	*bola*	bo lah
gambling	*judi*	joo dee

to fade of colour; (colour)	*hilang warna; (rona, P)*
a white man, a European	*orang putih*
the white of an egg	*putih telur*
to be put to shame, chagrin	*putih mata*
pale yellow, fair of complexion	*putih kuning*
the yoke of an egg	*merah telur, kuning telur (I)*
deep reddish brown, purple	*ungu*
peppermint (creme-de-menthe)	*hijau*
blue; (indigo)	*belau (D); (nila)*
bruised; (black and blue do.)	*lebam; (lebam biru)*
a stink; (a foul stench)	*bau busuk; (hancing)*
a fishy smell; (musty)	*hamis; (hapak)*
good-looking	*baik rupa*
like, alike; (the same sort)	*serupa; (sama rupa)*
the same as just now	*serupa tadi, macam tadi*
it appears, it seems	*rupanya, nampaknya*
any sensation; (to feel)	*rasa; (berasa, merasa)*
to taste sweet; (to feel ill)	*rasa manis; (rasa sakit)*
it feels as if; (perception)	*rasanya; (rasa hati)*
to have no feeling; (numb)	*tak ada rasa; (kebas)*
to feel, to grope	*raba*
to bark (of dogs); (to mew)	*menyalak; (mengiau)*
hoarse, husky; (raucous)	*serak; (garau)*
shrill, clear; (to groan)	*nyaring; (mengerang)*
to give out a sound, to sound	*berbunyi*
to sing of birds; (to crow)	*bunyi; (berkokok)*
musical instruments; music	*bunyi-bunyian*
the import or drift of a letter	*bunyi surat*

rhyme, cadence; (the rhythm)	*sajak; (sajaknya)*
any jarring noise; (clamour)	*bising; (hingar, P)*
to quarrel; (a riot)	*bergaduh; (gaduh ramai)*
an uproar, panic; (a tumult)	*gempar; (huru-hara)*
to spread (of rumours)	*gobar*
to threaten, to intimidate	*gertak*
sleight of hand; (to conjure)	*silap mata; (main silap mata)*
to ask for leave; (on holiday)	*minta cuti; (bercuti)*
leave, furlough; (permission)	*perlop (D); (permisi, D)*
a day off, a holiday; (free)	*hari pre (I); (pre, D)*
to hold a performance; to act	*main wayang*
an actor, a player	*anak wayang*
the theatre; (comedy)	*wayang komedi; (komedi, D)*
a picture show, a cinema	*wayang gambar, wayang gelap*
the movies, a bioscope	*wayang hidup (I), bioskop (D)*
the shadow-play; (marionettes)	*wayang kulit; (wayang patung)*
the circus; (a ring, an arena)	*wayang kuda; (gelanggang)*
the Malay opera; noble	*bangsawan*
the native Malay theatre	*makyung*
a troop of strolling mimers	*boria (P)*
to start a tune; (trills)	*bawa lagu; (patah lagu)*
way of doing; (in this style)	*lagu (P); (lagu ni, P)*

narrative verse, a poem	*syair*
a violinist; (to play a violin)	*tukang biola; (gesek biola)*
a lute; (an Arab guitar)	*kecapi; (gambus)*
a big mosque drum	*bedok, gendang raya (P)*
a tapering Malay drum	*gendang*
a sounding-block, a toc-sin	*tongtong*
a deep tambourine	*rebana*
a xylophonic band	*gamelan*
a minstrel string-band	*keroncong*
a flute, a fife; (a clarinet)	*suling; (serunai)*
to play at ball games, foot-ball	*main bola*
Malay football; (a wicker-ball)	*sepak raga; (raga)*
to play marbles; (a marble)	*main guli; (guli)*
to spin tops; (a top)	*main gasing; (gasing)*
to gamble; (pitch and toss)	*main judi; (main cempelik)*
to throw dice; (a dice)	*main dadu; (dadu)*
to spin a figured teetotum	*main belangkas*
to play draughts; (play chess)	*main dam; (main catur)*

EXERCISE 19 *The Garden*

garden, plantation	*kebun*	cub bone
tree, plant	*pokok*	po co
flower	*bunga*	boong ah
shoot, leaf-bud	*pucuk*	poo cho
leaf	*daun*	down
trunk, stem; handle	*batang*	bah tung
bough, branch	*dahan*	dah hun
root	*akar*	ah car
thorn	*duri*	doo ree
grass	*rumput*	room pote
fence, hedge	*pagar*	pah gar
bamboo	*bambu*	bum boo
rubbish, refuse	*sampah*	sum pah
manure	*baja*	bah jah
onion	*bawang*	bah wung
French-beans	*boncis*	bone chis
egg-plant, brinjal	*terung*	trong
cucumber	*timun*	tee moan
pumpkin, gourd	*labu*	lah boo
banana	*pisang*	pee sung
coconut	*kelapa*	clah pah
orange, lime	*limau*	lee mow
pineapple	*nanas*	nun us
pawpaw	*papaya*	pup pyre
seed, pip, stone	*biji*	bee jee

a gardener; (a front yard)	*tukang kebun; (laman)*
a vegetable or kitchen garden	*kebun sayur*
a flower or botanical garden	*kebun bunga*
a rubber estate	*kebun getah*
an orchard	*kebun buah, dusun*
a clearing, fields; (hill lands)	*ladang; (huma)*
a farmer, a peasant	*peladang, orang tani (J)*
a tree; (origin, source)	*pohon (I); (pokok pangkal)*
a tree; (a fruit tree)	*pokok kayu; (pokok buah)*
a seedling	*anak pokok, bibit (J)*
a fern	*pokok paku, pakis (J)*
a carambola tree	*pokok belimbing*
a casuarina tree	*pokok ru, pokok cemara (I)*
an ansenna tree	*pokok sena, angsana (I)*
a cashew-nut tree	*pokok gajus; pokok janggus (P)*
a canary tree; (an olive)	*pokok kenari (I); (kanar)*
a wild fig tree; (a banyan)	*pokok ara; (jejawi; waringin, J)*
an Indian almond; (an almond)	*pokok ketapang; (badam)*
a bread-fruit tree	*pokok sukun*
a henna bush; (a croton)	*pokok inai; (pokok puding)*
a screw-pine; (pandanus sp.)	*pokok mengkuang; (pandan)*
a nipah palm (for fuel oil)	*pokok nipah*
a nibong palm (for laths)	*pokok nibung*
a bertam palm (for chicks)	*pokok bertam*
a sago palm (for thatch)	*pokok rumbia*
a sugar-palm	*pokok kabung, enau (P), areng (I)*

the base of a tree trunk	*pangkal pokok, perdu (P)*
a tree stump; (a fag end)	*tunggul; (puntung)*
a flower, a blossom	*kembang (I)*
a hibiscus, a shoe-flower	*bunga raya, kembang sepatu*
a rose; (rose water)	*bunga mawar, rose (E); (air mawar)*
the champak or temple flower	*bunga cempaka, cempa (P)*
a jasmine	*bunga melur, bunga melati (I)*
a cananga flower; (an orchid)	*bunga kenanga; (anggerik)*
a tuberose	*bunga sundal (sedap) malam*
a frangipanni	*bunga kubur, bunga kemboja*
a pot-pourri of petals	*bunga rampai, kembang rampe*
a gardenia	*bunga kaca piring, bunga cina*
a garland; (a posy)	*bunga malai (P); (malai tangan)*
coloured eggs for weddings	*bunga telur*
a flower bud; (a sprout)	*kuntum; (tunas)*
a palm-blossom; (a spathe)	*mayang; (upih)*
fruit when it has just set	*putik*
tender shoots taken as salad	*ulam*
an edible bamboo shoot	*rebung*
a chevron pattern	*pucuk rebung*
sexual impotency in a male	*mati pucuk, ponen (P)*

a classifier of letters	*sepucuk surat*
foliage, small herbs; (leaves)	*daun; (daun kayu)*
sweet basil; (smilax)	*daun selasih; (daun ribu-ribu)*
mint; (celery)	*daun pudina; (daun saderi)*
lemon-grass; (citronella oil)	*daun serai; (minyak serai)*
a lettuce; (salad oil)	*daun selada; (minyak selada)*
European playing cards	*daun pakau, daun sekopong*
an oar-blade; (a table-leaf)	*daun dayung; (daun meja)*
a palm frond; (midrib of do.)	*pelepah; (lidi)*
the trunk of a tree	*batang kayu*
a classifier of trees	*sebatang pokok*
a penholder	*batang pen, tangkai pen*
the handle of an oar	*batang dayung*
a log, a beam, a baulk	*balak*
a twig; (a silver)	*ranting; (selumbar)*
a stem, a stalk, a handle	*tangkai*
the fork of a tree or road	*cabang*
a hook, to graft; (to marcot)	*cangkuk; (tut)*
a creeper, a climbing plant	*akar, akar kayu*
an anti-rheumatic coral growth	*akar bahar*
derris-root (an insecticide)	*tuba*
to weed; (straw, hay)	*buang rumput; (rumput kering)*
a tall coarse grass	*lalang, alang-alang (I)*
love-grass	*kemuncup, temucut (P)*
bracken; (sensitive plant)	*resam; (malu-malu; keman, P)*

an iron railing	*pagar besi*
a bathing enclosure	*pagar mandi*
the bamboo plant, bamboo	*pokok buluh, buluh*
a cane; (a Malacca cane)	*rotan; (rotan semambu)*
refuse, residue, dregs	*hampas*
a bulb, a corm; (chives)	*bawang; (kucai, C)*
a shallot; (garlic)	*bawang merah; (bawang putih)*
a cucumber	*mentimun, ketimun (I)*
a bitter cucumber, a gherkin	*peria*
a marrow; (a pumpkin)	*labu air; (labu merah)*
a loofah; (a snake-gourd)	*petola, ketola, (petola ular)*
a small thin-skinned banana	*pisang emas*
a green-ripe banana	*pisang masak hijau*
the blossom of a banana	*jantung pisang*
coconut oil; (a coconut)	*minyak kelapa (nyiur, P)*
dried coconut kernels (copra)	*kelapa kering*
a green coconut	*kelapa muda*
the water in a coconut	*air kelapa*
the meat in a coconut	*isi kelapa*
the cream from a coconut	*santan*
coconut husk or fibre (coir)	*sabut*
coconut shell	*tempurung*
the oil-palm	*kelapa minyak, kelapa sawit, kelapa Bali*
an orange; (citrus fruits)	*limau manis; (jeruk, I)*
a sour lime, a lime	*limau nipis, jeruk tipis (I)*
a lemon; (a pomelo)	*limau kapas; (limau besar)*
a pawpaw, a papaya	*betik, kates (J)*
a classifier of small objects	*sebiji*
a grain of rice; (plant seed)	*sebiji padi; (benih)*

a particle; (items, details)	*butir; (biji-butir)*

EXERCISE 20 *Verbs*

show, point out	*tunjuk*	toon jo
see, be visible	*nampak*	num pa
follow, imitate	*ikut*	ee coat
hold, grasp	*pegang*	peg ung
examine, enquire	*periksa*	preck sah
rub, polish	*gosok*	go so
fold, fold up	*lipat*	lee putt
tie, fasten	*ikat*	ee cut
tear, rend	*koyak*	coy ya
sew, stitch	*jahit*	jite
get up, arise	*bangun*	bung own
lie down	*baring*	bah ring
collect, gather	*kumpul*	coom pole
arrange, set in order	*atur*	ah tore
wipe, sweep	*sapu*	sah poo
cut, slice	*potong*	po tong
crush, melt	*hancur*	hun chore
put out, extinguish	*padam*	pah dum
pour out	*tuang*	too ung
fill; contents	*isi*	ee see
drive away, expel	*halau*	hah low
stir, disturb, confuse	*kacau*	cah chow
mix, mingle	*campur*	chum pore
dig, excavate	*gali*	gah lee
plant, bury	*tanam*	tah num

to guide; (a show)	*tunjuk jalan; (pertunjukan)*
failing of eyesight	*mata tak nampak*
to obey; (to follow after)	*ikut; (turut)*
according to instructions	*ikut hukum*
to take the rudder, to steer	*pegang kemudi*
to keep to an agreement	*pegang janji*
to search the person	*periksa badan*
to enter for an examination	*masuk periksa*
I can't say, I don't know	*kurang periksa*
to investigate	*siasat*
to clean the teeth; (to scrub)	*gosok gigi; (sental)*
to polish shoes	*gosok sepatu*
to rub down a horse	*gosok kuda*
to scrape against; (rub against)	*gesek; (gesel)*
double, two-fold	*lipat dua, berlipat ganda*
a crease; (a fold, a wrinkle)	*tanda lipat; (kedut)*
to build a house; (a tied bunch)	*ikat rumah; (seikat)*
the setting of a ring	*ikat cincin*
to tie up, to tether	*tembat*
to tie a knot; (a fast knot)	*simpul; (simpul mati)*
to bind, a hoop; (a muzzle)	*simpai; (simpai mulut)*
a tailor; (an Indian durzee)	*tukang jahit; (darji)*
sewing, a seam; (to tack)	*jahitan; (jelujur)*
to darn, to mend	*jerumat, tisek (J)*
shape, appearance; (to awaken)	*bangun; (kasi bangun)*
a building, an erection	*bangunan*
to rise up, to rise of cakes	*bangkit*
to lie on one's back, supine	*terlentang*
to lie face downwards, prone	*tiarap*

a collection; (to assemble)	*kumpulan; (berkumpul)*
to collect together; (to mob)	*himpun; (kerumun)*
a troop, a team; (a party)	*pasuk, pasukan; (puak, P)*
to set in order, to organise	*aturkan*
arrangement; (method)	*aturan; (peraturan)*
to spread butter; (to smear)	*sapu mentega; (calit)*
to whitewash, to distemper	*sapu kapur*
a broom, a brush	*penyapu, sapu (I)*
to defile; (besmeared)	*lumur; (berlumur)*
to wipe dry; (to mop up)	*kesat; (lap)*
to carve, to operate; to cancel	*potong*
to deduct wages; (to cut cards)	*potong gaji; (potong daun)*
to slaughter a fowl; (a slice)	*potong ayam; (sepotong)*
to cut the throat; (ritual do.)	*potong leher; (sembelih)*
to chop up fine, to mince	*potong halus, cincang*
to cut across the road	*potong jalan, lintas*
to take a short cut; (a trace)	*pintas; (rintis)*
to sever; (a portion)	*kerat; (sekerat)*
to slice; (to slash across)	*iris; (kelar)*
to emasculate, to caponise	*kasi, kembiri (I)*
to slash, to lop; to tuck in	*tutuh*
to cut undergrowth; (to fell)	*tebas; (tebang)*
to carve, to engrave, to incise	*ukir*
crushed ice; (to digest)	*ais hancur; (hancur, hazam)*
to put out a fire or light	*padam api*

to cast cannon; (to pour out)	*tuang meriam; (curah)*
the contents of a letter	*isi surat*
to load a gun; (solid, meaty)	*isi senapang; (berisi)*
to load as a ship; (to unload)	*isi, muat; (punggah)*
cargo; (fully laden)	*isi, muatan; (sarat)*
to fill in; (to bank up)	*timbus, kambus (P); (tambak)*
to drive cattle; (to chivvy)	*halau lembu; (usir, I)*
to mix up; (scrambled eggs)	*kacau, (telur kacau)*
to upset; (to annoy, to bother)	*buat kacau; (ganggu)*
to blend; to interfere; (mixed)	*campur; (campur-campur)*
to mix; (miscellaneous)	*campur-gaul; (rampai)*
a spade; (spades in cards)	*penggali; (sekopong, D)*
a shovel, to ladle up; (a spade)	*sodok; (sekop, D)*
an alluvial mine, a digging	*galian, kelian, tambang (I)*

EXERCISE 21 *Natural Features and Products*

sun	*matahari*	mah tah hah ree
star	*bintang*	bin tung
earth, ground	*tanah*	tah nah
sea	*laut*	lout
land	*darat*	dah rut
island	*pulau*	poo low
hill	*bukit*	boo kit
mountain	*gunung*	goo nong
plain, field	*padang*	pah dung
forest, jungle	*hutan*	hoo tun
hole	*lubang*	lo bung
pond, reservoir	*kolam*	co lum
river	*sungai*	soong aye
wind, air	*angin*	ung in
rain	*hujan*	hoo jun
smoke	*asap*	ah sup
stone, rock	*batu*	bah too
sand	*pasir*	pah seer
dust	*habuk*	hah bo
mud	*lumpur*	loom pore
sap, latex, rubber	*getah*	gut ah
charcoal	*arang*	ah rung
oil, grease	*minyak*	min ya
wax, candle	*lilin*	lee lin
resin, dammar	*damar*	dah mar

sunrise; (the sun comes out)	*matahari naik; (matahari terbit)*
sunset; (the sun goes in)	*matahari turun; (matahari masuk)*
a decoration, a rosette	*bintang*
the morning star, Venus	*bintang timur*
the Southern Cross	*bintang pari*
the Pleiades; (the Zodiac)	*bintang tujuh; (bintang dua belas)*
a comet; (a meteor)	*bintang berekor; (ceret bintang)*
a sandy soil; (a clay soil)	*tanah pasir; (tanah liat)*
Java; (a state, a country)	*tanah Jawa; (tanah)*
the Malay States, Malaya	*Negeri-negeri Melayu, Tanah Melayu*
territory; (a district)	*(daerah)*
to go by sea; (the ocean)	*jalan laut; (lautan, bahar)*
the seashore	*tepi laut, pantai, pesisir (J)*
sea-gypsies (Proto-Malays)	*orang laut*
to travel overland; (to land)	*jalan darat; (naik darat)*
a land breeze; (the interior)	*angin darat; (darat)*
the foot of a hill; (hillock)	*kaki bukit; (anak bukit)*
rising ground, a low ridge	*permatang*
a pile, a mound; (to heap up)	*longgok; (timbun; tambun, P)*
a volcano; (a crater)	*gunung api; (kawah gunung)*
a mountain top or peak	*kemuncak gunung*
a playing field, an open space	*padang, lapangan (I)*
a racecourse	*padang lumba kuda*
an airfield, an aerodrome	*padang kapal terbang*
a desert, a sandy waste	*padang pasir, padang belantara (I)*

a public square	*alun-alun (J)*
wild, undomesticated	*hutan*
a jungle dweller, a boor	*orang hutan*
a jungle fowl; (wild flowers)	*ayam hutan; (bunga hutan)*
an uncultivated plant	*pokok hutan*
a wild pig	*babi hutan, celeng (I)*
a forest reserve	*hutan larangan, hutan simpan*
primeval or virgin jungle	*hutan rimba, rimba*
an aborigine; (a negrito)	*orang sakai; (sakai semang)*
a button-hole; (the earhole)	*lubang butang; (lubang telinga)*
a cave; (a pitfall)	*lubang batu, gua; (pe-lubang)*
holed; (perforated)	*berlubang; (tembus)*
hollow; (a cavity)	*berlubang, berongga; (rongga)*
a business opening, a deal	*lubang*
to act as a broker	*pukul lubang*
to leak out—of a secret	*pecah lubang*
a nook, a cranny	*beruk*
a crevice, a cleft; (a crack)	*celah; (retak)*
a puddle; (a deep pool)	*lopak; (lobok)*
a reservoir; (a fish pond)	*kolam air; (kolam ikan)*
a river, a stream	*kali (J)*
to go upstream; (up river)	*mudik; (udik, I)*
to go downstream, down-river	*hilir*
to go to the lavatory	*pergi ke sungai*
a high wind; (a typhoon)	*angin besar, (taufan)*
a storm cloud; (a Sumatra)	*pokok angin; (angin barat)*
a whirlwind, a waterspout	*angin puting beliung*

to abate of wind; (calm, still)	*angin teduh; (teduh)*
windward; (leeward)	*di atas angin; (di bawah angin)*
air, climate; (breath; lust)	*angin, hawa; (hawa)*
fleecy clouds; airy nothings	*tahi angin*
a 'wash out', it's all over	*masuk angin*
to take the air, an outing	*makan angin*
to break wind; (to yawn)	*kentut; (menguap)*
a wet or rainy day	*hari hujan*
rain in sunshine; (hail)	*hujan panas; (hujan lebat)*
to spot of rain; (speckled)	*hujan rintik-rintik; (rintik)*
to give off vapour, to steam	*berasap*
to fumigate, to cense	*asapkan*
an incense burner	*perasap, tempat bara*
a chimney; (a funnel)	*corong asap; (corong)*
a mason, a bricklayer	*tukang batu*
a brick; (a mile, a milestone)	*batu bata, bata; (batu)*
marble	*batu marmar, marmar*
a floor tile; (a floor)	*batu jubin; (jubin, I)*
laterite; (granite)	*batu merah; (batu ubin, batu besi)*
gravel; (pebbles)	*batu kelikir; (batu kerikil)*
emery; (pumice)	*batu las; (batu timbul)*
a touchstone; (a bezoar)	*batu uji; (batu geliga)*
a sinker, a lead	*batu ladung*
a plummet; (to fathom)	*batu duga, perum; (duga)*
a gem, a jewel; (a ruby)	*batu, permata; (batu delima)*
an emerald; (a sapphire)	*batu zamrud; (batu nilam)*
a sandy beach; (sandpaper)	*pasir; (kertas pasir)*
sawdust; (fine powdery dust)	*habuk kayu; (debu)*

slush, mud	*selut*
to tab rubber	*potong getah, toreh getah*
gutta percha	*getah perca, getah taban*
a wild rubber; (rubber)	*getah jelutung; (karet, J)*
bird-lime; (to lime)	*getah burung; (tahan getah)*
charcoal; (to burn charcoal)	*arang kayu; (bakar arang)*
coal	*batu arang, arang batu (I)*
soot; (oily soot)	*arang, arang para; (celaga)*
live coals	*bara, bara api*
sulphur; (saltpetre)	*belerang; (sendawa)*
suet, dripping; (ghee)	*minyak sapi; (gi)*
lard; (ground-nut oil)	*minyak babi; (minyak kacang)*
castor-oil; (aloes)	*minyak jarak; (jadam)*
petroleum; (kerosene)	*minyak tanah; (minyak gas)*
gasolene (benzine), petrol	*minyak benzin, petrol (E)*
to oil	*taruh minyak, taruh gemuk (I)*
tar; (caulking pitch)	*minyak tar; (gegala)*
a lubricating grease	*carbi*
sealing-wax	*lakri, lak (I)*
a resinous torch	*damar*
benzoin; (agilawood)	*kemenyan; (gaharu)*
incense	*setanggi; dupa (I)*

EXERCISE 22 *Animals*

animal, creature	*binatang*	bin ah tung
bird	*burung*	boo wrong
buffalo	*kerbau*	cur bow
horse	*kuda*	coo dah
dog	*anjing*	un jing
cat	*kucing*	coo ching
mouse, rat	*tikus*	tee coos
frog	*katak*	cah ta
squirrel	*tupai*	too pye
bat	*kelawar*	clah waar
house-lizard	*cicak*	chee cha
house-fly	*lalat*	lah lut
spider	*labah-labah*	lah bah - lah bah
mosquito	*nyamuk*	nee ah mo
ant	*semut*	smote
snail; shell, shellfish	*siput*	see pote
worm, maggot	*ulat*	oo lut
louse	*kutu*	coo too
snake	*ular*	oo lar
crocodile	*buaya*	boo ah yah
monkey	*monyet*	moan yet
deer	*rusa*	roo sah
tiger	*rimau*	ree mow
bear	*beruang*	broo ung
elephant	*gajah*	gah jah

a pigeon	*merpati, burung dara (I)*
a green pigeon; (imperial do.)	*punai; (pergam)*
a ground love	*tekukur, perkutut (J)*
a turtle dove; (a bulbul)	*merbuk; (merbah)*
a sparrow, a finch	*pipit, cak (P)*
a Java sparrow; (a house do.)	*jelatik; (burung gereja, I)*
a magpie-robin; (a love-bird)	*murai; (serindit)*
a mynah	*tiong, beo (J)*
a parrot; (a cockatoo)	*nuri; (kakaktua)*
a swallow, a swift	*layang-layang*
a kingfisher	*raja udang, pekaka (P)*
an egret, a paddy-bird	*bangau*
a hawk, a kite; (an owl)	*lang; (burung hantu)*
a peacock; (a pheasant)	*merak; (kuang)*
a quail; (a snipe)	*puyuh; (berkek, tiruk, P)*
a gaur or Indian bison	*seladang*
a donkey; (a camel)	*keldai; (unta)*
a rabbit	*kucing belanda, kelinci (D)*
a civet-cat	*musang*
a guinea-pig	*tikus belanda*
a musk-shrew	*tikus turi, cencurut (I)*
a frog; (a toad)	*kodok (J); (katak puru)*
a squirrel	*bajing (I)*
clubs at playing cards; (a bat)	*kelawar; (kampret, J)*
a flying-fox	*keluang, kalung (J)*
a gecko; (a chameleon)	*tokek; (sumpah-sumpah)*
a house-fly; (a bluebottle)	*laler (J); (langau)*
a gadfly; (a sandfly)	*pikat; (agas)*
a firefly	*kelip-kelip, kunang-kunang (I)*
a butterfly	*kupu-kupu, rama-rama (P)*

a cockroach	*lipas*
a bee; (a wasp)	*lebah; (penyengat)*
a hornet	*tebuan, tawon (J)*
a borer-beetle; (a mason-wasp)	*kumbang; (angkut-angkut)*
a mole-cricket	*cengkerik, jengkerik (I)*
a grasshopper	*belalang, balang (I)*
a cicada; (a praying-mantis)	*riang-riang; (cengkaduk)*
a spider; a cobweb	*lawa-lawa (J)*
mosquito larvae, wrigglers	*jentik-jentik*
a white-ant, a termite	*anai-anai, rayap (J)*
a red leaf-ant	*kerengga*
a flying-ant	*kelekatu, larun (J)*
mother-of-pearl; (a pearl)	*siput mutiara; (mutiara)*
an oyster; (a cockle)	*tiram; (kerang)*
a crab; (a king-crab)	*ketam, kepiting; (belangkas)*
a turtle	*penyu*
a tortoise	*kura-kura*
a hairy caterpillar	*ulat bulu*
an earth worm; (a tape-worm)	*cacing; (cacing pipih)*
a leech; (a horse-leech)	*pacat; (lintah)*
a silverfish; (a weevil)	*gegat; (bubuk)*
a centipede; (a scorpion)	*lipan; (kala jengking)*
a flea; (a cattle tick)	*kutu anjing; (kutu lembu)*
a bed-bug	*pijat-pijat, pejat (P)*
a cobra	*ular tedung, ular senduk (I)*
a python	*ular sawa*
a dragon, a serpent	*naga*
a monitor-lizard	*biawak, bewak (P)*
a long-tailed macaque	*kera*
a pig-tailed macaque	*beruk*
a gibbon or wawah	*ungka, mawa (P), wak-wak*

a sambhur deer	*rusa, menjangan (J)*
a mouse-deer	*pelanduk, kancil (I)*
a tiger	*harimau, macan (I)*
a leopard	*rimau bintang, macan tutul (J)*
a black panther	*rimau kumbang*
a lion; (Singapore—lion-city)	*singa; (Singapura)*
a rhinoceros; (horn of do.)	*badak; (badak sumbu)*

EXERCISE 23 *Prepositions and Conjunctions*

at first, beginning	*mula*	moo lah
afterwards, next	*kemudian*	cum dee un
side, direction	*sebelah*	sub lah
and	*dan*	dun
with	*dengan*	dung un
in, at, on, (of time)	*pada*	pah dah
but	*tapi*	tah pee
if	*kalau*	cah low
or	*atau*	ah tow
perhaps	*barangkali*	bah rung kah le
seldom	*jarang*	jah rung
ever	*pernah*	pernah
sometimes	*kadang-kadang*	cah dung - cah
only	*saja*	sah jah
in vain; merely	*cuma*	choo mah
for all that; all the same	*juga*	joo gah
who, which, that	*yang*	young
exceedingly, very	*terlampau*	ter lum pow
altogether, most, very	*sekali*	scah lee
each, every	*tiap-tiap*	tee up - tee up
alternate, at intervals	*selang*	slung
around	*keliling*	clee ling
end; point	*hujung*	oo jong
line, row	*baris*	bah ris
drop, dot, spot	*titik*	tee tay

to begin with, first of all	*mula-mula*
the beginning; (early)	*mula, awal; (awal, P)*
over again, as before	*semula*
to begin, to commence	*mulai*
source, origin; provided that	*asal; asalkan*
the first; (first)	*yang pertama; (pertama)*
to split in two, to cut open	*belah*
to split firewood; (an autopsy)	*belah kayu api; (belah mayat)*
one side; (both sides)	*sebelah; (dua-dua belah)*
the left-hand side	*sebelah kiri*
one-eyed; (one shoe)	*mata sebelah; (kasut sebelah)*
over there; (towards the sea)	*sebelah sana; (sebelah laut)*
direction, towards; (in confusion)	*arah; (tak tentu arah)*
direction, course; (aimless)	*hala; (tak tentu hala)*
side; behalf; (both parties)	*pihak; (dua-dua pihak)*
side, face; (a square)	*segi; (segiempat)*
a triangle; (a corner, an angle)	*segitiga; (penjuru)*
by means of a stick	*dengan kayu*
quickly, with speed	*dengan lekas*
by; (to be struck by)	*oleh, dek; (dipukul oleh)*
in my opinion	*pada fikiran saya*
at this time	*pada waktu ini*
on that day	*pada hari itu*
to—of persons; (to him)	*pada, kepada; (pada dia)*
from, than; (of iron)	*daripada; (daripada besi)*
to, about to; as to; shall	*akan*
the days to come; (unlikely)	*hari akan datang; (tak akan)*

but; (still, yet, whilst)	*tetapi; (masih; masi, I)*
if, supposing that; (in case)	*jikalau, jika; (kalau-kalau)*
whether.....or; (or)	*atau.....atau; (atawa, I)*
maybe! can't say! perhaps	*entah*
rare; (loosely woven cloth)	*jarang dapat; (kain jarang)*
never; (never yet)	*tak pernah; (belum pernah)*
occasionally, at times	*tempoh-tempoh*
only; (that's all)	*sahaja; (itu saja)*
intentionally, on purpose	*sengaja, saja*
just one only	*cuma satu saja*
for nothing; (free, gratis)	*cuma; (percuma)*
in vain, futile, to no purpose	*sia-sia*
still, also; (fairly clean)	*juga; (bersih juga)*
it's all the same	*sama juga*
at this very moment, at once	*jam ini juga*
also, then, again; (moreover)	*pula; (lagi pula)*
even, though, too; (even that)	*pun; (itu pun)*
although	*sungguhpun, meskipun (I)*
so that, in order that	*supaya*
since, subsequent to	*semenjak, sejak (I)*
an instance; (for example)	*misal, (misalnya)*
the; a formative of ordinals	*yang*
the second; (the big one)	*yang kedua; (yang besar)*
excess; (very; extremely)	*lampau; (amat; sangat)*
most, quite; a superlative	*sekali, paling (I)*
the best	*yang baik sekali*
the smallest	*yang paling kecil (I)*
totally, altogether, all at once	*sama sekali, semua sekali*
to be completely finished	*habis sekali*

utmost, at all; (don't ever)	*sekali-kali; (jangan sekali-kali)*
all the, whole lot	*sekalian (sekelian)*
each of persons; (each, every)	*masing-masing; (saban, J)*
every other; (intervening)	*selang; (lat)*
every second day	*selang sehari, lat sehari*
round the fire; (surrounding)	*keliling api; (berkeliling)*
to encircle; (besiege—hem in)	*lengkong; (kepung)*
the end of a road; (a headland)	*hujung jalan; (hujung tanah)*
to write above the line	*tulis atas baris*
a row; (one behind the other)	*sebaris, sederet; (deret)*
in rows, to drill; (drill)	*berbaris; (baris; kawad, P)*
a full stop, a drop; (to drip)	*titik (menitik)*

EXERCISE 24 *Verbs*

hope, rely on	*harap*	hah rup
believe, trust	*percaya*	per chye ah
care, mind about	*peduli*	pud oo lee
endure, hold out; restrain	*tahan*	tah hun
convey, escort; send	*hantar*	hun tar
watch over, wait	*tunggu*	toong goo
touch at, call at	*singgah*	sing gah
catch, seize; arrest	*tangkap*	tung cup
release, let go; free	*lepas*	lup us
pull, draw	*tarik*	tah ray
pull out, pluck	*cabut*	chah boat
spill, overflow	*tumpah*	toom pah
alter, change	*ubah*	oo bah
remove, move	*pindah*	pin dah
wash, cleanse	*basuh*	bah soh
sun dry, air	*jemur*	jum ore
hang, suspend	*gantung*	gun tong
break in bits, smash	*pecah*	pitch ah
break in two, fracture	*patah*	pah tah
break asunder, sever	*putus*	poo toos
join on, connect	*sambung*	sum bong
measure (lineal)	*ukur*	oo core
weigh, balance	*timbang*	tim bung
add on, increase	*tambah*	tum bah
push away, repel	*tolak*	toe la

expectation; (disappointed)	*harap hati; (putus harap)*
breach of trust, embezzlement	*pecah harapan*
reliable, trustworthy	*boleh percaya*
not concerned, don't care	*tak peduli*
don't pay any heed	*jangan peduli*
to stand pain	*tahan sakit*
to staunch bleeding	*tahan darah*
to wear or last well	*tahan lama*
to resist the enemy	*tahan musuh*
steady! hold on!	*tahanlah*
to stop people entering	*tahan orang masuk*
to suspend from duty	*tahan kerja*
to set a snare; (a snare)	*tahan racik; (racik)*
to conduct; (to see people off)	*hantar; (hantar orang)*
to take or send a letter	*hantar surat*
to escort prisoners	*hantar orang salah*
to accompany a funeral	*hantar orang mati*
to mind the house	*tunggu rumah*
to call in on, to visit	*singgah*
a rest-house	*reshaus (E), pasanggerahan (I)*
to catch fish; (a trap)	*tangkap ikan; (perangkap)*
to take captive; (a prisoner)	*tawan; (tawanan)*
to start a horse-race	*lepas kuda*
a runaway horse	*kuda terlepas*
to slip from one's hands	*terlepas dari tangan*
to leave a job; (to escape)	*lepas kerja; (lepas lari)*
last month; (after that)	*bulan lepas; (lepas itu)*
a day's leave; (a holiday)	*lepas sehari; (hari lepas)*
free; (free, independent)	*bebas; (merdeka)*
to pull a cart; (to jerk)	*tarik kereta; (sentak)*
to drag along; (to tow)	*hela; (tunda)*

to pluck feathers, to depilate	*cabut bulu*
to pull out a knife	*cabut pisau*
to pull out teeth; (dislocated)	*cabut gigi; (tercabut)*
to clear out, to bolt; (to bilk)	*cabut lari; (ponteng)*
to scatter, sow; (littered about)	*tabur; (bersepah)*
to be altered; (an alteration)	*berubah; (perubahan)*
a changed look; (altered feelings)	*berubah muka; (berubah hati)*
to move house	*pindah rumah*
to translate into	*pindah ke dalam*
to move, to shift	*alih, beralih*
to move slightly, to stir	*gerak, bergerak*
to wash clothes; (do. the hands)	*basuh kain; (basuh tangan)*
to dry clothes; (to hang out)	*jemur kain; (sidai)*
to sun bathe, to bask	*berjemur*
to hang oneself	*gantung diri*
to adjourn a case; (to postpone)	*gantung bicara; (tangguh)*
jagged, notched; (chipped)	*sumbing; (sompek)*
to break a leg; (do. a bone)	*patah kaki; (patah tulang)*
to break back; (a single word)	*patah balik; (sepatah kata)*
to snap of a rope	*putus tali*
to decide a case; (a decision)	*putus bicara; (keputusan)*
to settle on a price	*putus harga*
to be continued; (to link)	*ada sambung; (hubung)*
a tape measure; (to measure)	*tali ukuran; (sukat)*
to survey land	*ukur tanah, sukat tanah (P)*

a thermometer; (clinical do.)	*penyukat panas; (penyukat demam)*
a gallon; (a quart)	*gantang; (cupak)*
a catty—$1\frac{1}{3}$ lb.; (tael—$1\frac{1}{3}$ oz.)	*kati; (tahil)*
an orlong—$1\frac{1}{3}$ acres; ($2\frac{1}{2}$ do.)	*relung; (bau, D)*
scales; (a steelyard)	*timbangan; (dacing)*
a weight, a counterpoise	*batu timbangan, batu dacing*
to weigh a matter; (sympathy)	*timbang; (timbang rasa)*
a second helping; (moreover)	*nasi tambah; (tambah lagi)*
to add, total; (to add, extra)	*jumlah; (tokok)*
to reject a request	*tolak permintaan*
to subtract; (to start off)	*tolak; (bertolak)*
to push forward, to shove	*sorong*

EXERCISE 25 *Foodstuffs*

sauce, gravy	*kuah*	coo ah
rice-broth, porridge	*bubur*	boo bore
rice-gruel, congee	*kanji*	cun jee
vinegar	*cuka*	choo cah
pickles	*acar*	ah char
relish, side-dishes	*sambal*	sum bul
spices	*rempah*	rum pah
currants, sultanas	*kismis*	kis mis
flour	*tepung*	tup ong
wheat	*gandum*	gun dome
maize, corn	*jagung*	jah gong
rice, paddy	*padi*	pah dee
husked rice	*beras*	brus
sago, pith	*sagu*	sah goo
sugarcane	*tebu*	tub oo
medicine, drug	*ubat*	oo but
opium	*candu*	chun doo
tobacco	*tembakau*	tum bah cow
wine, grapes	*anggur*	ung gore
spirits, alcohol	*arak*	ah ra
palm-wine, toddy	*tuak*	too wa
chalk, lime; camphor	*kapur*	cah pore
betel-leaf	*sirih*	see reh
areca-nut	*pinang*	pee nung
gambier	*gambir*	gum beer

starch	*kanji, tajin (P)*
a salt pickle; (a sweet do.)	*jeruk; (paceri)*
a sauce, condiment, ketchup	*kicap*
curry-stuffs	*rempah-rempah, bumbu (J)*
coriander; (turmeric)	*ketumbar; (kunyit)*
ginger; (galangal)	*halia, jahe (J); (lengkuas)*
anise; (cumin)	*jintan manis; (jintan putih)*
cloves	*cengkih, bunga cengkih*
nutmegs; (mace)	*buah pala; (bunga pala)*
cinnamon; (cardamom)	*kayu manis; (buah pelaga)*
sesame, ginjili	*bijan, lenga (P)*
rice-flour	*tepung, tepung beras*
wheaten-flour	*tepung gandum, terigu (I)*
glutinous-rice; (paddy)	*pulut, ketan (J); (gabah, J)*
rice-bran; (rice-husks)	*busi, dedak; (sekam)*
barley; (arrowroot)	*beras belanda; (sagu belanda)*
semolina; (vermicelli)	*suji; (laksa)*
to take medicine; (incurable)	*makan ubat; (tak ada ubat)*
a chemist; (a drug-store)	*tukang ubat; (kedai ubat)*
treat medically; (undergo do.)	*ubatkan; (berubat)*
a love potion; (magic)	*ubat guna; (guna)*
arsenic; (alum)	*berangan, warangan; (tawas)*
a powder; (a pill)	*serbuk; (biji)*
jalap, a purge	*julap, pencahar*
a seaweed jelly; (a jelly)	*agar-agar; (jeli, E)*
to smoke opium; (opium dross)	*makan candu; (tahi candu)*
Indian hemp, bhang	*ganja*
a red wine; (grapes)	*anggur merah; (buah anggur)*

fresh palm-sap (potable)	*nira*
a fermented rice cake; (yeast)	*tapai; (ragi)*
quicklime; (plaster)	*kapur tohor; (kapur masak)*
chalk, a crayon; (camphor)	*kapur belanda; (kapur barus)*
a sireh-box (for betel chewing)	*tempat sirih, tepak*
a quid of betel-leaf; (the wad)	*sirih sekapur; (sepah)*

EXERCISE 26 *Drèss, Materials and Metals*

sash, scarf	*selendang*	slane dung
tape, ribbon	*pita*	pee tah
lace	*renda*	ren dah
velvet	*baldu*	bal doo
silk	*sutera*	strah
cotton, cottonwood	*kapas*	cup us
hair-do, hair-style	*sanggul*	sung goal
face powder	*bedak*	bud da
drop-earring	*anting-anting*	un ting - un ting
pocket	*saku*	sah coo
sack, gunny-bag	*guni*	goo nee
sample, model	*contoh*	chone toh
pattern, design	*corak*	cho ra
layer, fold	*lapis*	lah pis
base, lining	*alas*	ah lus
sheet – of thin objects	*helai*	lye
bit, piece	*keping*	cup ing
mark, sign	*tanda*	tun dah
brand, stamp, print	*cap*	chup
flat-iron	*seterika*	stree cah
diamond	*intan*	in tun
glass	*kaca*	cah chah
iron	*besi*	bus ee
brass, copper	*tembaga*	tum bah gah
tin	*timah*	tee mah

tree-cotton, kapok	*kabu-kabu, kapuk (J)*
to do one's hair in a bun	*bersanggul siput*
ornamental hairpins	*cucuk sanggul, cucuk konde (I)*
an ear-stud; (a stone-set do.)	*subang; (kerabu)*
a pocket; (a pouch, a purse)	*kocek, poket (E); (kantung, I)*
sacking; (a sack, a bag)	*kain guni; (karung)*
a model, a sample; (an example)	*contoh; teladan*
a fashion, a mode; (new style)	*cara; (cara baru)*
a chequer-board pattern	*corak dam, tapak catur*
a design, a colour pattern	*ragi (P)*
a base, a mat; (a coat-lining)	*lapik; (lapik baju)*
a classifier of cloth; (a leaf)	*sehelai kain; (sehelai daun)*
a sheet of paper; (a hair)	*sehelai kertas; (sehelai rambut)*
a slice of bread; (a lump)	*sekeping roti; (ketul)*
a signature; (a memento)	*tandatangan; (tanda mata)*
a sign, a token; (a signal)	*alamat; (isyarat)*
a sign, a trace; (a foot-print)	*bekas; (bekas kaki)*
a mark, a stripe; (a cross-mark)	*markah; (pangkah)*
a trademark, a chop; (a brassard)	*cap; (capras)*
to print; (to affix a seal)	*cap, cetak; (taruh cap)*
a printer; (lithography)	*tukang cap; (cap batu)*
a fingerprint	*cap jari, cap tangan*
diamonds in cards; (a brilliant)	*retin, daiman (E); (berlian)*
a blacksmith; (to shoe a horse)	*tukang besi; (pukul besi)*
a horse-shoe	*besi kuda, ladam (P)*

scrap iron; (rust)	*besi buruk; (tahi besi)*
steel; (a magnet)	*besi baja; waja (J); (besi berani)*
brass	*tembaga kuning, kuning-an (I)*
copper	*tembaga merah, tem-baga (I)*
pewter; (verdigris)	*tembaga putih; (tahi tem-baga)*
lead; (zinc, spelter)	*timah hitam; (timah sari)*
grains of alluvial tin, tin ore	*bijih*
solder; (black sand, wolfram)	*pateri; (amang)*
tinned-iron, a tin; (a tinker)	*kaleng (I); (tukang kaleng)*

EXERCISE 27 *Household Utensils and Tools*

tool, instrument	*perkakas*	per cah cus
pot, saucepan	*periuk*	pree o
earthernware cooking-pot	*belanga*	blung ah
frying-pan	*kuali*	coo ah lee
tray	*talam*	tah lum
bucket	*baldi*	bul dee
dipper, baler	*timba*	tim bah
bowl, flower-pot	*pasu*	pah soo
axe	*kapak*	cah pa
chopper, jungle-knife	*parang*	pah rung
hoe	*cangkul*	chung coal
hammer	*martil*	mar til
nail, spike	*paku*	pah coo
saw	*gergaji*	ger gah jee
plane	*ketam*	cut um
file	*kikir*	kee keer
chisel	*pahat*	pah hut
pincers	*kakatua*	cah cah too ah
paint	*cat*	chut
wire	*dawai*	dah wye
wick, fuse	*sumbu*	soom boo
wheel	*roda*	roe dah
whip	*cabuk*	chah̆ bo
saddle	*sela*	say lah
reins	*ras*	rus

furniture; (implements)	*perkakas rumah; (perkakas)*
kitchen utensils; (tools)	*perkakas dapur; (perabot, J)*
pots and pans; (a cauldron)	*periuk belanga; (kawah)*
a kettle; (a water-kettle)	*cerek, teko (C); (kendi)*
a hemispherical frying-pan	*kuali, wajan (J)*
a wooden tray, a pan for ore	*dulang*
a sieve; (to sift)	*ayak, ayakan (P); (mengayak)*
a winnowing-tray; (to winnow)	*nyiru; (tampi)*
a pail; (a basin)	*ember (D); (baskom, D)*
a ladle; (a tin can)	*gayung; (tin, E; blik, D)*
an axe; (an adze)	*kampak (I); (beliung)*
a chopper, a matchet	*golok (P)*
to hoe; (a hoe)	*menyangkul; (pacul, J)*
a plough; (a heavy weed-cutter)	*bajak, tenggala (P); (tajak)*
a hammer	*tukul*
a wooden peg	*pasak*
to garner; (a harvesting-knife)	*ketam; (ketam, P; tuai)*
to grate, a grater	*parut*
a coconut-scraper, to rasp	*kukur*
a nail-extractor	*kakaktua*
a vice, pincers	*ragum*
tongs; (tweezers, pliers)	*penyepit; (angkup; tang, D)*
a house painter; (paint)	*tukang cat; (cet, I)*
to apply paint; (varnish)	*sapu cat; (varnis, E)*
wire; a cable; (barbed-wire)	*kawat; (kawat berduri)*
a telegram; (a telephone)	*telegram (E); (telefon)*
a spoke	*anak roda, jari-jari*
a tyre, a hoop, a castor	*lereng*

a carriage shaft; a boom	*bom*
a trace in harness	*jut*
a whip; (spurs)	*cemeti, cabuk (I); (taji)*
a saddle; (a bridle)	*pelana; (tali kang)*
to take the reins	*pegang ras*
a horse's bit	*lagam, kekang (I)*

EXERCISE 28 *Verbs*

love	*kasih*	cah seh
affection, pity	*sayang*	sah young
hate	*benci*	bun chee
angry, anger	*marah*	mah rah
abuse, revile	*maki*	mah kee
astonished, amazed	*heran*	hay run
lie, untrue	*bohong*	bo hong
satisfied, content	*puas*	poo us
embrace, hug	*peluk*	plo
sniff, smell; kiss	*cium*	chee ome
laugh	*tertawa*	ter tah wah
cry, weep	*menangis*	mun ung iss
dance	*menari*	mun ah ree
sing	*nyanyi*	nyah nyee
fly	*terbang*	ter bung
swim	*berenang*	ber nung
pray, worship	*sembahyang*	sem bah young
marry	*kahwin*	cah win
separate, part; divorce	*cerai*	cher rye
cheat, deceive	*tipu*	tee poo
steal, theft	*curi*	choo ree
oppose, contest; rival	*lawan*	lah won
quarrel, fight	*berkelahi*	ber clye
win, victorious	*menang*	mun ung
lose, defeated	*kalah*	cah lah

to make love; (the beloved)	*berkasih-kasih; (kekasih)*
kindness, pity; (what a shame!)	*kasihan; (kesian)*
to pity; (mercy, sympathy)	*kasihankan; (belas kasihan)*
what a pity, alas!; (love)	*sayang; (kasih sayang)*
solicitude, love; a sweetheart	*cinta*
to be enamoured, wrapt up in	*asyik*
to be friendly, smoodge; (to spoil)	*manja; (manjakan)*
to grumble; (to flare up)	*sungut; (meradang)*
to talk filth; (obscene)	*carut, mencarut; (lucah)*
strange, wonderful; (curious)	*ajaib; (pelik)*
to tell lies; (a liar)	*cakap bohong; (pembohong)*
a lie, false; (to lie)	*dusta, justa (I); (buat dusta)*
to be satisfied, content	*puas hati*
to have had enough to eat	*puas makan*
to be sated, tired of; (fed up)	*jemu, bosan (J); (jemu jelak)*
to feel nauseated; (disgust)	*meluat; (luat)*
to embrace, to enfold	*dakap (P)*
to smell a flower; (to sniff up)	*cium bunga; (sedut)*
to kiss, to osculate	*kucup*
to laugh, laughter	*ketawa, gelak (P)*
to smile; (to grin)	*senyum; (mesem, J)*
to cry, to weep; (weeping)	*tangis, nangis (I); (tangisan)*
to dance; (to jig, to step-dance)	*tari; (tandak, bertandak)*
to fence; (a war-dance)	*main silat; (silat)*

to sing; (a singer)	*menyanyi; (tukang nyanyi)*
a gramophone; (a song)	*peti nyanyi; (nyanyian)*
a gramophone record	*piring peti nyanyi*
to croon a love-song; (a lullaby)	*berdondang sayang; (dondang)*
an aeroplane, an airship	*kapal terbang, kapal udara*
to glide through the air	*layang, melayang*
a paper kite	*layang-layang, wau (P)*
to do homage; (an offering)	*sembah; (persembahan)*
to implore abjectly, to grovel	*sembah kaki*
a prayer; (pray, devoutly hope)	*doa, (minta doa)*
to ask in marriage	*pinang, meminang*
to contract a marriage	*nikah*
the bridal enthronement	*bersanding*
a bridal dais; (a bridal bed)	*peterana; (pelamin)*
a marriage settlement	*mas kahwin*
to divorce; (to be divorced)	*ceraikan; (bercerai)*
a pronouncement of divorce	*talak*
an irrevocable divorce	*talak tiga*
a cheat, a swindler, a quack	*penipu*
an artifice, dodge; (resources)	*daya; (daya upaya)*
to steal; (a thief, a burglar)	*mencuri; (pencuri)*
housebreaking and theft	*pecah rumah dan curi*
secretly, by stealth	*curi-curi*
to rob; (a gang robber)	*samun; (penyamun)*
to pirate, piracy; (a pirate)	*rompak; (perompak)*
to pick a pocket; (to grope)	*seluk saku; (seluk)*
a sneak thief; (a pickpocket)	*maling (J); (copet, I)*

an opponent, an adversary	*lawan*
to compete at running	*lawan berlari*
matchless, unbeatable	*tak boleh lawan*
bread goes with butter	*roti lawannya mentega*
to disobey, to dispute	*bantah*
to disobey an order; (a dispute)	*bantah hukum; (perbantahan)*
to wrangle; (an altercation)	*tengkar; (pertengkaran)*
to snarl, to snap at crossly	*tengking*
to fly at; (a cockfight)	*sabung, (sabung ayam)*
to charge into; (to collide)	*laga; (berlaga, P)*
a buffalo fight; (fighting fish)	*kerbau berlaga; (ikan pelaga)*
to spring at, to rush at	*terkam*
not coinciding; (a tiff)	*selisih; (perselisihan)*
to fail to meet en route	*selisih jalan*
to wrestle; (do. the sport)	*gomol; (gusti)*
to succeed; (drawn of a game)	*jaya; (seri)*
to be allergic; (to be worsted)	*kalah; (alah)*

EXERCISE 29 *Adjectives*

salty, brackish	*masin*	mah sin
tasteless, insipid	*tawar*	tah waar
hot, pungent	*pedas*	pud ud
thick, sticky	*pekat*	puck ut
thin, watery	*cair*	chy er
tough, leathery	*liat*	lee ut
raw, uncooked	*mentah*	mun tah
catching, contagious	*jangkit*	jung kit
itchy; lascivious	*gatal*	gah tul
false, counterfeit	*palsu*	pul soo
faded, withered	*layu*	lah yoo
striped, banded	*belang*	blung
dense, thick	*lebat*	lub ut
close together, alongside	*rapat*	ra putt
crowded; cheery, festive	*ramai*	rah my
loose-fitting	*longgar*	long gar
tight-fitting	*ketat*	cut ut
firm, fixed, steady	*tetap*	tut up
straight	*lurus*	loo ros
across, athwart	*lintang*	lin tung
tilted, heeling over	*senget*	seng et
shallow	*tohor*	toe hoar
calm, smooth	*tenang*	tun ung
lonely, deserted	*sunyi*	soon yee
swift, rapid	*deras*	drus

salt water; (brackish)	*air masin; (payau)*
saline, salted; (preserved eggs)	*asin (I); (telur asin)*
fresh water; (disinclined)	*air tawar; (tawar hati)*
rice paste sprinkled as a charm	*tepung tawar*
an antidote, a counter-charm	*penawar*
to bid, to bargain	*tawar, menawar*
to smart, sore; (pungent)	*pedih; (pedis, I)*
strong of coffee	*kopi pekat*
thick of liquids, viscous	*kental (I), likat (P)*
gum, glue, a cement	*perekat*
thin of liquids, watery	*encer (J)*
infectious; (to extend, to spread)	*berjangkit; (melarat)*
false teeth; (a spurious coin)	*gigi palsu; (wang palsu)*
faded, withered	*mala (P)*
heavy rain; (dense foliage)	*hujan lebat; (daun lebat)*
a thick crop of hair	*rambut lebat*
to go close to; (packed tight)	*merapat; (rapat-rapat)*
a large crowd; the public	*orang ramai*
to make merry; (goings on)	*buat ramai; (rame-rame, I)*
loose of ropes, slack	*kendur*
loose-skinned (of fruit)	*longkah, lekang (P)*
taut of ropes; (to constrict)	*tegang; (cerut)*
to be in regular employ	*kerja tetap*
firm, fast; (lasting, eternal)	*teguh; (kekal)*
an honest man; (to straighten)	*orang lurus; (luruskan)*
to heel over, to list	*mereng*
to lean, sloping, aslant	*condong*

steep of a slope, sheer	*curam*
shallow, shoaling	*cetek, cangkat (P)*
a sheltered spot; (to shelter)	*tempat teduh; (berteduh)*
a quiet deserted spot	*tempat sunyi*
still, quiet; (secluded, secret)	*sunyi, sepi (J); (sulit)*
dead quiet; (to fall silent)	*sunyi senyap; (senyap)*
fast, speedy; (impetus)	*laju; (lajak)*

EXERCISE 30 *Ships and Weapons*

vessel, sailing-boat	*perahu*	prow
boat, sampan	*sampan*	sum pun
barge, lighter	*tongkang*	tong cung
raft	*rakit*	rah kit
oar	*dayung*	dah yong
rudder	*kemudi*	cum oo dee
anchor	*sauh*	sow
sail	*layar*	lye are
mat-awning	*kajang*	cah jung
net	*jaring*	jah ring
bait	*umpan*	oom pun
telescope	*teropong*	tro pong
compass	*pedoman*	pud oh mun
whistle	*siti*	see tee
war, battle	*perang*	prung
weapon, arms	*senjata*	sun jah tah
sword	*pedang*	pud ung
spear	*lembing*	lum bing
dagger, kris	*keris*	criss
gun, rifle	*senapang*	snah pung
shot, bullet	*peluru*	ploo roo
cannon, gun	*meriam*	mur ee um
fire-crackers	*mercun*	mur chone
pump, fire-engine	*bomba*	boom bah
handcuff, fetter	*pasung*	pah song

a sailing canoe; (a model do.)	*kolek; (jong)*
a dug-out; (a small do.)	*jalur, sagor (P); (jongkong)*
a fishing boat; (a ship's boat)	*payang; (sekuci, D)*
a Chinese junk	*wangkang*
the hull of a vessel	*badan perahu, badan kapal*
the bow of a ship; (a fender)	*haluan, luan; (dapra)*
the stern; (posterior)	*buritan, buntut (P); (burit)*
the keel; (the ribs)	*lunas; (gading-gading)*
the hold; (a hatch)	*petak; (palkah)*
a ship's funnel	*serombong, semperong (I)*
a cabin; (to confine)	*kurung, kabin (E); (kurung)*
a Chinese sampan; (a canoe)	*sampan kotak; (sampan golek, P)*
a ferry-boat; (to ferry)	*sampan tambang; (tambang)*
a Chinese lighter, a twakow	*toako (C)*
to row; (a rowlock)	*berdayung; (tol)*
to backwater in rowing	*sorong dayung, lais*
to paddle	*kayuh, berkayuh*
a paddle; (an oar)	*pengayuh, (kayuh, I)*
a steersman, a quartermaster	*jurumudi, jemudi (P)*
a cable, an anchor chain	*tali sauh*
to drop anchor; (to up anchor)	*buang sauh; (bongkar sauh)*
a fluke; (a European anchor)	*kuku sauh; (jangkar, I)*
a buoy; (a buoy, a beacon)	*boya, bui (D); (bairup, P)*
to sail; (a sea voyage)	*belayar; (pelayaran)*
sailcloth, canvas; (tarpaulin)	*kain layar; (terpal)*

the sheet if a sail; (a pulley)	*daman, kelat; (takal, E)*
to go about, to luff; (to tack)	*belok; (buang pal)*
a drift-net; (a shrimp-net)	*jaring hanyut; (sondong)*
an anchored purse-net	*pompang (P)*
a cast-net; (a lift-net)	*jala; (tangkul)*
a seine; (a drag-net)	*pukat; (pukat tarik)*
a landing-net; (to scoop)	*sesauk; (sauk)*
a microscope, a stethoscope	*teropong*
binoculars; (a tube)	*teropong dua mata; (teropong)*
north; (north-west)	*utara; (barat laut)*
south; (south-east)	*selatan; (tenggara)*
east; (north-east)	*timur; (timur laut)*
west; (south-west)	*barat; (barat daya)*
to be at war, to fight	*berperang*
munitions; (equipment)	*alat perang; (alat)*
a line of battle	*ikat perang*
a blow-pipe; (a dart)	*sumpitan; (damak)*
a shield; (a quiver, a cylinder)	*perisai; (tabung)*
a bow; (an arrow)	*panah; (anak panah)*
a bayonet, a scythe; (a sickle)	*pedang; (sabit)*
a sword, a sabre	*kelewang (I)*
a spear; a pike; (a bayonet)	*tombak; (tombak senapang, I)*
a fish-spear, a trident; a fork	*serampang*
a short dagger; (a lancet-knife)	*tumbuk lada; (pisau wali)*
a gunsmith, an armourer; (a gun)	*tukang senapang; (senapan, D)*

ammunition; (ammunition pouch)	*ubat senapang; (dabal)*
a shot-gun, a fowling-piece	*senapang burung, senapang patah*
a double-barrel gun; (cylindrical)	*senapang dua laras; (laras)*
a breech-loader; (a muzzle do.)	*senapang kopak; (senapang lantak)*
firearms; (gunpowder)	*bedil; (ubat bedil)*
a spring-gun	*belantik*
a ramrod; (to ram down)	*pelantak; (lantak)*
a trigger; (a foresight)	*pincu, pemetik; (pejera)*
a shot-cartridge; (a bullet)	*penabur, kertus; (pelor, I)*
pellets, small shot	*kacang-kacang*
a bomb, a mine, a grenade; (a bomb)	*periuk api; (bom, E)*
a quick-firing gun	*meriam tembak deras*
an A.A. gun; (to ward off)	*meriam penangkis (tangkis)*
to fire crackers; (a cracker)	*bakar mercun (petas)*
a syringe, to inject; (a pump)	*bomba; pompa, I)*
a fireman; (a fire-hose)	*mata-mata bomba; (tali bomba)*
a fire-station	*balai bomba*
stocks; (handcuffs)	*pasung kaki; (hargari, P)*

EXERCISE 31 *Natural Features and Elements*

bay, bend	*teluk*	tul lo
cape, headland	*tanjung*	tun jong
strait	*selat*	slut
coral, reef; lode	*karang*	cah rung
estuary, river mouth	*kuala*	coo ah lah
upstream, headwaters	*hulu*	oo loo
lake	*tasik*	tah say
swamp, marsh	*paya*	pah yah
rice-field	*sawah*	sah wah
scrub, secondary jungle	*belukar*	blue car
storm	*ribut*	ree boat
thunder	*guruh*	goo roh
lightning	*kilat*	kee lut
rainbow	*pelangi*	plung ee
sky	*langit*	lung it
cloud	*awan*	ah won
dew	*embun*	um bone
wave	*ombak*	ome ba
current	*arus*	ah roos
steam, vapour	*wap*	wup
foam, forth	*buih*	boo eh
ash	*abu*	ah boo
mildew, mould	*lapuk*	lah po
moss, lichen	*lumut*	loo mote
rust	*karat*	cah rut

a reach of a river or seacoast	*rantau*
a river bend; (a peninsula)	*tanjung; (semenanjung)*
coral rock; (coral growths)	*batu karang; (bunga karang)*
a sandbar; (an estuary)	*beting; (muara)*
a head, a hilt; upcountry	*hulu, ulu*
a rustic, a backwoodsman	*orang ulu*
the handle of a kris	*ulu keris*
a lake; (a saltlick)	*danau, telaga (I); (sira)*
a swamp; (a mere)	*rawa; (lahar, P)*
a valley; (a ravine, a gulley)	*lembah; (gaung; jurang, I)*
wet rice-fields, paddyfields	*sawah, bendang (P)*
a rice-plot; (a seed-plot)	*petak; (semai)*
undergrowth; (to clutter up)	*semak; (menyemak)*
a storm; (a commotion)	*angin ribut; (ribut, I)*
thunder; (a thunderclap)	*guntur (I); (petir)*
struck by lightning; (a bolt)	*pukul lintar; (lintar)*
to flash, shiny; (to polish)	*berkilat; (kasi kilat)*
the glow of a fire; (lustre)	*cahaya api; (cahaya)*
a rainbow	*pelangi*
the horizon	*kaki langit*
a canopy; the roof of the mouth	*langit-langit*
to be rough (of the sea)	*berombak*
rollers; (a swell)	*gelombang; (alun)*
a tide-rip	*tali arus*
a backwater, eddy; (rapids)	*olak; (jeram)*
to cook by steaming; (a steamer)	*kukus, tim (C); (kukusan)*
fog, misty; (hazy, dim)	*kabut; (kabus)*
murk; (befogged, chaotic)	*kelam; (kelam-kabut)*

to bubble up, to froth; (foam)	*berbuih, meruap; (busa, I)*
ashen, grey	*kelabu*
mouldy; (mildew; freckles)	*berlapuk; (tahi lalat)*
a fungus, a mushroom	*cendawan, kulat (P), jamur (I)*
rust-eaten, rusty	*dimakan karat, berkarat*
tartar of the teeth	*karat gigi*

EXERCISE 32 *Verbs*

pass, go by	*lalu*	lah loo
pursue, chase	*kejar*	cuj are
go astray, get lost	*sesat*	sus ut
collide; attack	*langgar*	lung gar
current, valid; conduct	*laku*	lah coo
press down	*tekan*	tuck un
shake, sway	*goyang*	go young
sharpen, whet	*asah*	ah sah
paste on, patch	*tampal*	tum pul
filter, strain	*tapis*	tah pis
soak, immerse	*rendam*	run dum
steep, dye	*celup*	chul ope
race, compete	*lumba*	loom bah
jump, leap	*lompat*	loam putt
climb, swarm up	*panjat*	pun jut
kick	*tendang*	tun dung
pluck, pick	*petik*	put tay
pick up, collect	*kutip*	coo tip
hide, conceal	*sembunyi*	sum boon yee
able to, have time to	*sempat*	sum putt
hand over, surrender	*serah*	sur ah
blaze, shine	*nyala*	nee ah lah
explode, go off	*letup*	lut ope
shoot, fire	*tembak*	tem ba
kill, slay; murder	*bunuh*	boo noh

past, after, ago; (to pass)	*lalu; (lulus)*
the past year, last year	*tahun lalu*
to have no appetite	*tak lalu makan*
no thoroughfare; (pass along!)	*tak boleh lalu; (lalulah)*
very, surpassingly; (too far)	*terlalu; (terlangsung)*
forthwith; (to overshoot)	*langsung, lantas; (langsung)*
to chase, pursue; (to drive out)	*hambat; (perhambat)*
to lose one's way; (dazed)	*kesasar (I); (sasar, keliru)*
to offend against convention	*langgar adat*
to collide, to run against	*bertuh (P)*
to knock against; (in collision)	*antuk; (terantuk)*
to touch, to brush against	*sentuh*
to attack, to assail	*serang*
an onslaught; (to run amuck)	*amuk; (mengamuk)*
in demand; (to take place)	*laku; (berlaku)*
not current, invalid, no good	*tak laku*
behaviour; (gait, mannerism)	*kelakuan; (gaya)*
to press a bell-button	*tekan loceng*
to press a lawsuit	*tekan bicara*
to stuff in, to cram	*asak*
to be packed close together	*sesak*
to be congested of the chest	*sesak dada*
to be stopped up (of a hole)	*tumpat*
an earthquake	*tanah goyang, gempa*

to shake back and forth	*goncang*
to shake hands; (to ring a bell)	*goncang tangan; (goncang loceng)*
to shake a bottle; (do. a branch)	*goncang botol; (goncang dahan)*
to shake out a cloth	*kebas*
to quiver; (to tremble, to shake)	*geletar; (gigil)*
to swing, to rock; (a cradle)	*buai; (buaian)*
to sway; (a swing, a hammock)	*ayun; (ayunan)*
to swing the arms or body	*berlenggang*
a whetstone; (teeth-filing)	*batu asah; (asah gigi)*
a pastry-board; (to grind, polish)	*papan canai; (canai)*
to mend shoes; (to stop teeth)	*tampal kasut; (tampal gigi)*
a let-in patch; (to stick on)	*tampung; (tempel)*
to stick, to adhere; (sticky)	*lekat; (lekit)*
a filter; (to filter)	*tapisan, saringan; (saring, I)*
to soak, awash; (to wallow)	*berendam; (kubang)*
to absorb wet; (to suck up)	*serap; (pedap)*
a dye	*air celup, pencelup*
to tan leather; (to tan)	*celup kulit; (samak)*
to silver plate; (to gilt)	*celup perak; (celup mas)*
to plate, plated; (gloss)	*sadur; (sepuh)*
a horse race, the races	*lumba kuda*
to leap (as a fish), to hop	*loncat*
to climb up a tree	*panjat pokok*
to kick aside, to spurn	*sepak*
to kick downwards, to trample	*terajang*

to tread upon; (a pedal)	*pijak; (pemijak)*
to gather or pick flowers	*petik bunga, kutip bunga (I)*
to play a guitar	*petik gitar*
to snap the fingers	*petik jari*
to collect money	*kutip duit, pungut duit*
to collect, to gather	*pungut*
a hide-out; (to lie in wait)	*tempat sembunyi; (endap)*
secretly, covertly	*dengan sembunyi*
to shelter, to screen	*lindung*
a chance, an opportunity	*peluang, kesempatan (I)*
to have no time to	*tak sempat, tak dan (P)*
to manage, to have time	*dan (P)*
to give oneself up	*serah diri*
to catch alight; (to flame)	*nyala; (bernyala)*
to misfire; (to burst, to pop)	*tak meletup; (letus)*
a target; (a bull's-eye)	*sasaran; (matlamat)*
to hunt; (a hunter)	*buru; (pemburu)*
suicide; (a murderer)	*bunuh diri; (pembunuh)*
a violent death	*mati dibunuh*

EXERCISE 33 *Relations and Occupations*

grandfather	*datuk*	dah toe
grandmother	*nenek*	nay nay
grandchild	*cucu*	choo choo
son- or daughter-in-law	*menantu*	mun un too
parent-in-law	*mentua*	mun too ah
bachelor, single	*bujang*	boo jung
widow, divorcee	*janda*	jun dah
mother, dam	*ibu*	ee boo
betrothed, engaged	*tunang*	too nung
bride, bridegroom	*pengantin*	pung un tin
midwife	*bidan*	bee dun
dancing-girl	*ronggeng*	rong geng
merchant	*saudagar*	sow dah gar
minister-of-state	*menteri*	mun tree
judge	*hakim*	hah kim
policeman	*mata-mata*	mah tah - mah tah
vagrant, tramp	*bangsat*	bung sut
enemy	*musuh*	moo soh
soldier	*soldadu*	sole dah doo
sailor	*kelasi*	class ee
pilgrim	*haji*	hah jee
headman	*penghulu*	pung oo loo
boatswain	*serang*	sur ung
foreman, overseer	*mandur*	mun dore
messenger, office-boy	*tambi*	tum bee

a commoner chief, an honorific	*datuk, tuk*
a joss, an idol	*datuk, berhala*
ancestors; (descendants)	*datuk nenek; (anak cucu)*
a father-in-law	*bapa mentua*
a mother-in-law	*mak mentua*
a brother or sister-in-law	*ipar*
a mother hen; (a capital city)	*ibu ayam; (ibu negeri)*
to be engaged; (a fiance)	*bertunang; (tunangan)*
the bride	*pengantin perempuan, ponu*
the bridegroom	*pengantin lelaki, mempelai (P)*
a native doctor, a herbalist	*bomoh, dukun (I)*
a medicine-man, a sorcerer	*pawang*
a dancing-girl; (to jig)	*joget; (berjoget)*
a ship chandler	*dubasy*
a Chinese pedlar; (to hawk)	*cina kelentong; (jaja)*
'executive head' of a Malay State	*menteri besar*
a knave in playing cards	*menteri*
a trained native assistant	*manteri (I)*
a Muslim marriage Registrar	*kadi*
a lawyer, a pleader	*loyar (E), pakrol (D), peguam*
a detective	*mata gelap, mata-mata (I)*
a policeman; (a constable)	*orang polis; (upas polisi, D)*
a thief, a bad-character	*bangsat (I)*
a soldier	*serdadu (I), askar*
troops, an army; (naval forces)	*tentera; (tentera laut)*

a naval rating, a sailor	*kelasi kapal perang, matros (D)*
to go on the pilgrimage	*pergi haji; naik haji*
a pilgrim broker; (a sheikh)	*syekh haji; (tok syekh)*
a district headman; (village do.)	*wedana (J); (lurah, J)*
a leader; (a military officer)	*panglima; (panglima perang)*
an official, a civil servant	*pegawai*
a mate, a navigating officer	*malim*
a foreman, a bosun's mate	*tandil*
a messenger, a peon, office boy	*peon, upas (D)*

EXERCISE 34 *The Body*

breath	*nafas*	nah fuss
lip; rim	*bibir*	bee beer
cheek	*pipi*	pee pee
chin	*dagu*	dah goo
brow, forehead	*dahi*	dye
brain	*otak*	oh ta
breast, teat	*tetek*	tay tay
lun	*paru-paru*	pah roo - pah r
pulse	*nadi*	nah dee
shoulder	*bahu*	bow
elbow; angle	*siku*	see coo
thigh	*paha*	pah hah
knee	*lutut*	loo tote
sole, palm	*tapak*	tah pa
heel	*tumit*	too mit
hindquarters, bottom	*pantat*	pun tut
tail	*ekor*	eh core
wing	*sayap*	sah yup
horn	*tanduk*	tun doe
joint, hinge	*sendi*	sun dee
knuckle, knob	*buku*	boo coo
vein; nerve; muscle	*urat*	oo rut
spittle, spit	*ludah*	loo dah
perspiration, sweat	*peluh*	pul oh
excrement, dregs	*tahi*	tye

to breathe; (to take a breath)	*bernafas; (tarik nafas)*
to snore	*dengkur, mengeruh (P)*
the temples	*pelipis*
marrow	*somsom, otak tulang (P)*
to suck; (a wet-nurse)	*menetek; (babu tetek, I)*
a gill of fish	*insang*
to take or feel a pulse	*pegang nadi, rasa mek (C)*
side, flank; (a rib)	*rusuk; (tulang rusuk)*
a shoulderblade	*tulang belikat*
a bend in a road	*siku jalan*
the groin; (the lap)	*pangkal paha; (riba)*
a knee-cap; (to kneel)	*kepala lutut; (berlutut)*
sole of foot; (palm of hand)	*tapak kaki; (tapak tangan)*
a sole of a shoe; (to track)	*tapak kasut; (ikut tapak)*
the bottom of a saucepan	*pantat periuk*
the buttocks	*punggung, pungkur (P)*
stern, tail-end; (tail)	*buntut; (buntut, I)*
a classifier of birds, etc.	*seekor burung*
the mudguard of a carriage	*sayap kereta*
a shoe-horn; (to gore)	*tanduk kasut; (menanduk)*
a hinge, a hasp	*engsel (D)*
a lump, a nugget; (a clod)	*buku, sebuku; (kepal)*
a node, a knot in wood	*buku kayu*
the knuckles; (the wrist bone)	*buku jari; (buku tangan)*
to become clotted; (to freeze)	*berbuku, berbeku; (beku)*
a vein, a blood vessel, artery	*urat darah*
to strain a tendon, to sprain	*salah urat*
a spittoon	*tempat ludah, ketur*
saliva; (phlegm)	*air liur; (dahak)*
to spit, to spray; (to gargle)	*sembur; (kumur-kumur)*

to perspire; (perspiration)	*keluar peluh; (keringat, J)*
a drunkard; (to be addicted to)	*tahi arak; (tahi)*
a gambler; (cow-dung)	*tahi judi; (tahi lembu)*
wax in the ear; (nasal mucus)	*tahi telinga; (tahi hidung)*

EXERCISE 35 *Ailments*

wound	*luka*	loo cah
scar	*parut*	pah rote
pale, pallid	*pucat*	poo chut
swollen, inflamed	*bengkak*	bung ca
dizzy, giddy	*pening*	pun ing
faint, swoon	*pengsan*	peng sun
conscious	*sedar*	sud are
vomit, sick	*muntah*	moon tah
pus, matter	*nanah*	nah nah
sting of insect	*sengat*	sung ut
poison	*racun*	rah chone
venom	*bisa*	bee sah
cold, catarrh	*selesema*	sele sem ah
sneeze	*bersin*	ber sin
cough	*batuk*	bah toe
boil	*bisul*	bee sole
abscess	*barah*	bah rah
fever	*demam*	dum um
small-pox	*cacar*	chah char
pregnant	*bunting*	boon ting
bald	*botak*	bo ta
deaf	*pekak*	puck ca
dumb	*bisu*	bee soo
blind	*buta*	boo tah
lame	*tempang*	tem pung

to be injured; (hurt, injury)	*dapat luka; (luka)*
a blemish, a flaw; (a scab)	*cacat; (keruping)*
to blanch, to go pale	*pucat muka*
hump-backed; (to stoop)	*bongkok; (membongkok)*
tiny lump; (a corn)	*bintat; (kematu)*
a headache; (dizziness)	*pening kepala; (pitam)*
to be unaware; (insensible)	*tak sedar; (tak sedar diri)*
an anaesthetic; (unconscious)	*ubat bius; (bius)*
imitative nervous paroxysms	*latah, melatah*
cholera; (a plague, epidemic)	*muntah berak; (hawar)*
to fester; (gonorrhoea)	*angkut nanah; (kencing nanah)*
to suppurate, moist; (abraded)	*melecet; (lecet)*
to nip; (a mosquito bite)	*ketip; (ketip nyamuk)*
to take poison; (poison gas)	*makan racun; (gas racun)*
a poisonous snake	*ular bisa*
agony; (rheumatic twinges)	*bisa; sengal*
to throb; (do. of heart beats	*denyut; (debar)*
a cold in the head	*pileg (J)*
to belch; (to hiccup)	*sedawa, belahak (P); (sedak)*
consumption; (asthma)	*batuk kering; (batuk lelah)*
a pimple; (a wart)	*jerawat; (kutil)*
a stye in the eye	*tembel, ketumbit (P)*
yaws; (ringworm; mange)	*puru; (kurap; kurap anjing)*
a bubo	*sakit mangga, sakit macang (P)*
ague; (high fever)	*demam sejuk; (demam panas)*

malarial fever; (the spleen)	*demam kura; (kura, limpa, I)*
chicken-pox; (measles)	*cacar air; (campak)*
to vaccinate; (to inoculate)	*tanam cacar; (cungkil)*
to inject; (pock-marked)	*suntik (J); (bopeng; mopeng)*
leprosy; (fish-skin disease)	*kusta, taiko (C); (sopak)*
pregnant; (to carry, to pouch)	*mengandung; (kandung)*
bare, treeless, hatless	*gondol*
a dud or false coin; (deaf)	*duit pekak; (tuli)*
lame	*capek (P), pincang (I)*

EXERCISE 36 *Verbs*

prosecute, sue	*dakwa*	dah wa
complain, pit, match	*adu*	ah doo
admit, confess	*aku*	ah coo
prohibit, forbid	*larang*	lah rung
confer, agree; conspire	*pakat*	pah cut
settle, conclude	*selesai*	sul us aye
pawn, pledge	*gadai*	gah dye
redeem, ransom	*tebus*	tub oos
invite, persuade	*ajak*	ah ja
guess, conjecture	*agak*	ah ga
copy, imitate	*tiru*	tee roo
expand, open out	*kembang*	cum bung
aim, make for	*tuju*	too joo
plunder, loot	*rampas*	rum pus
recognise, identify	*cam*	chum
compare, liken	*banding*	bun ding
suck, smoke	*isap*	ee sup
lick, lap	*jilat*	jee lut
pinch	*cubit*	choo bit
scratch, claw	*cakar*	chah car
pound, pummel	*tumbuk*	toom bo
slap	*tampar*	tum par
bite	*gigit*	gee get
pierce, prick	*cucuk*	choo cho
stab, spear	*tikam*	tee cum

the prosecutor, the plaintiff	*pendakwa*
the accused, the defendant	*orang kena dakwa*
to seek damages; (search after)	*tuntut rugi; (tuntut)*
to make a report; (a report)	*mengadu; (report, E)*
a complaint, a plaintiff	*aduan*
to default; (a defaulter)	*adukan; (orang kena adu)*
to represent one's case	*mengadukan hal*
to try one's luck; (to compete)	*mengadu untung; (beradu)*
to accuse; (an accusation)	*tuduh; (tuduhan)*
to plead guilty	*mengaku salah*
to vouch for; (a guarantee)	*mengaku; (akuan)*
to accept responsibility for	*sanggup*
to stand security; to endure	*tanggung*
no admittance; (forbidden)	*dilarang masuk; (larangan)*
a prohibition, a taboo	*pantang*
to be on a diet	*pantang makan*
agreement, concord, unity	*muafakat, pakat*
to collaborate, in collusion	*sepakat*
to band together to assault	*pakat pukul*
to associate; (a federation)	*sekutu; (persekutuan)*
a partnership, an association	*serikat, syarikat*
to unite; (union; unity)	*satukan; (kesatuan; persatuan)*
to come to a settlement	*buat selesai*

to settle up debts; (settled)	*selesai hutang; (jelas)*
a pawnshop	*pajak gadai, rumah gadean (I)*
a pawn-ticket; (a pledge)	*surat gadai; (gadaian)*
to invite in; (a guest)	*jemput; (jemputan, tamu, I)*
be kind enough; (please enter)	*sila; (sila masuk)*
to deign, content; (if you like)	*sudi; (kalau sudi)*
presumably; (approximately)	*agaknya; (agak-agak)*
to guess; (a riddle)	*teka, gamak (P); (teka-teki)*
a model to be copied	*tiruan*
to blossom, to open out	*kembang, megar (J)*
to point a gun; (an aim)	*tuju senapang; (tujuan)*
to concur, to agree	*setuju, bersetuju*
to agree, to suit (of food)	*serasi*
to rob; to confiscate; (booty)	*rampas; (rampasan)*
to identify an accused	*cam orang salah*
to take no special notice	*tak berapa cam*
to harmonise; (fitting)	*padan; (sepadan)*
to match a piece of cloth	*padankan kain*
an affinity, a counterpart	*jodoh*
to agree, to fit, to suit	*cocok (I)*
to smoke; (to sip loudly)	*hisap rokok; (hirup)*
to pinch; (to choke)	*picit; (cekik)*
to massage; (do. by pinching)	*urut; (picit)*
to nip; claw; (chopsticks, tongs)	*sepit; (penyepit)*
to squeeze out; (to wring)	*perah; (pulas)*
to milk; (to wring clothes)	*perah susu; (perah kain)*
to press, to compress; (a press)	*apit; (apitan)*

to knead; (dough)	*ramas, adun; (adunan)*
a rake; (to scratch oneself)	*pencakar; (garuk, garu)*
a scratch, a groove; (scratched)	*garis; (bergaris)*
to pound or husk rice	*tumbuk padi*
to bribe a person	*tumbuk rusuk*
a pounder; a knuckle-duster	*penumbuk*
a pestle; (a mortar)	*antan, alu; (lesung)*
to rap, to knock; (a gavel)	*ketuk; (pengetuk)*
to clap hands; (to pat)	*tepuk tangan; (tepuk)*
to box the ears	*tempeleng*
to peck; (to bite—of snakes)	*patuk; (patuk, pagut)*
to nibble (of fish)	*pagut*
to thread a needle	*cucuk jarum*
to lance a boil; (to inject)	*cucuk bisul; cucuk*
to prod, to egg on; (to incite)	*cucuk; (hasut)*
to implant; (to poke upwards)	*cacak, pacak (P); (jolok)*
to insert; (to stick in the hair)	*selit; sunting*
to stake on a lottery	*tikam loteri*

EXERCISE 37 *The Courts and Trade*

custom, habit	*adat*	ah dut
respect, honour	*hormat*	hoar mut
rank, grade	*pangkat*	pung cut
rule, sway; command	*perintah*	pren tah
sentence, decree, order	*hukum*	hoo comb
power, authority	*kuasa*	coo ah sah
matter, affair	*perkara*	per cah rah
tale, story	*cerita*	chree tah
court-case, discuss	*bicara*	bee chah rah
law, ordinances	*undang-undang*	oon dung - oon dur
secret	*rahsia*	rah see ah
mouthful, bribe	*suap*	soo up
witness, proof	*saksi*	suck see
oath, curse	*sumpah*	soom pah
bail, guarantee	*jamin*	jah min
oppression, injustice	*aniaya*	ah nee ay ah
fine, forfeit	*denda*	dun dah
pardon, forgive	*ampun*	um pone
property, wealth	*harta*	har tah
trade, commerce	*berniaga*	ber nee ah gah
farm, monopoly	*pajak*	pah ja
auction	*lelong*	lay long
capital, stock	*modal*	mo dul
tax, duty	*cukai*	choo kye
revenue, rent; product	*hasil*	hah sil

to know how to behave	*tahu adat*
customary law; (usually)	*adat; (adatnya)*
the laws of war	*adat perang*
to do honour to, to salute	*beri hormat*
the Honourable; (H.E.)	*yang berhormat; (yang mulia)*
distinguished, illustrious	*mulia*
to get promotion	*naik pangkat, dapat pangkat*
to be reduced in rank	*turun pangkat*
a grade or form in school	*darjah, derajat (I)*
Indonesian rule or territory	*perintah Indonesia*
a ruler, the authorities	*pemerintah*
to get orders or directions	*dapat perintah*
to pass sentence; (a penalty)	*jatuh hukum; (hukum)*
to be punished; (to give orders)	*kena hukum; (kasi hukum)*
God's decree, to die	*hukum Allah, sampai hukum*
Islamic religious law	*hukum, hukum syarak*
letters of administration	*surat kuasa*
to hold a power of attorney	*pegang kuasa*
to empower; (a director)	*beri kuasa; (penguasa)*
a committee; (an office, a post)	*kawatankuasa; (jawatan)*
don't want to go; (strength)	*tak kuasa pergi; (kuat kuasa)*
not to have the energy, unable	*tak larat (P)*
a will, a testament; (an heir)	*wasiat; (waris)*
right, claim; (inherited property)	*hak; (hak pusaka)*

one more thing or item	*satu perkara lagi*
that's all, the matter's over	*habis perkara*
affair, circumstance; (regarding)	*hal; (darihal)*
a story; (a written narrative)	*cetera (P), kisah; (hikayat)*
a trial; (to dismiss a case)	*bicara; (buang bicara)*
an opinion; (to deliberate)	*bicara; (runding)*
to consult, to confer	*mesyuarat*
a legislative council	*majlis mesyuarat*
to keep a secret; (a secret)	*simpan rahsia; (rusia, I)*
to get private information	*dapat rahsia*
to bribe; (to take a bribe)	*kasi suap; (makan suap)*
to feed by hand as a child	*suapkan*
daily bread; (alimony)	*rezeki; (nafkah)*
a witness; (to call witnesses)	*orang saksi; (panggil saksi)*
to swear on the Koran	*sumpah Quran*
to swear falsely; (to be cursed)	*makan sumpah; (kena sumpah)*
to administer an oath	*beri sumpah*
a statutory declaration	*surat sumpah*
a bailor, a guarantor	*orang jamin, orang tanggung*
a bail bond	*surat jamin, akuan jamin*
to be bound over; (a bond)	*penjamin; (ban, E)*
to be wronged; (tyranny)	*kena aniaya; (naya, P)*
to do an injustice, to oppress	*buat aniaya*
slander, libel; (treachery)	*petenah, fitnah; (khianat)*
unjust; (just, justice)	*tak adil; (adil)*
to be fined; (to fine)	*kena denda; (dendakan)*
to beg or ask for pardon	*minta ampun*
to forgive; (excuse me!)	*maaf, mahap; (minta maaf)*

goods and chattels	*harta benda*
an inheritance, an heirloom	*pesaka, pusaka (I)*
a trader; (commerce)	*orang berniaga; (perniagaan)*
to trade; (merchandise)	*berdagang; (dagangan)*
a gambling farm	*pajak judi*
an unredeemed-pledge shop	*pajak gantung, pajak lelap (P)*
land revenue, taxes; (a market)	*pajak (I); (pajak, P)*
to contract; (to buy wholesale)	*borong; (memborong)*
an auctioneer; (to auction)	*tukang lelong; (lelang, I)*
to draw or live on capital	*makan modal*
earnest money, an advance	*cengkeram*
house assessment; (poll tax)	*cukai pintu; (cukai kepala)*
a land tax; (customs dues)	*cukai tanah; (bea, I)*
state revenues; (land rent)	*hasil negeri; (hasil tanah)*
the profits of an estate	*hasil kebun*
return, results; (successful)	*hasil; (berhasil)*

EXERCISE 38 *Religion*

fate, destiny	*nasib*	nah sib
advice, counsel	*nasihat*	nah see hut
patience, forbearance	*sabar*	sah bar
regret, repent	*sesal*	sus ul
wish, vow	*niat*	nee ut
peril, danger	*bahaya*	bah hah yah
torture; torment	*seksa*	seck sah
accursed, unlucky	*celaka*	chul ah kah
sense, intelligence	*akal*	ah cul
nature, disposition	*perangai*	prung aye
kindness, understanding	*budi*	boo dee
knowledge, science	*ilmu*	ill moo
book, scripture	*kitab*	kee tub
religion	*agama*	ah gah mah
world	*dunia*	doo nee ah
heaven	*syurga*	shore gah
hell	*neraka*	nah rah kah
sin	*dosa*	doe sah
God, the Lord	*tuhan*	toe hun
passions, desire	*nafsu*	nup soo
peace, security	*aman*	ah mun
life, soul	*nyawa*	nee ah wah
dream	*mimpi*	mim pee
shadow, outline	*bayang*	bah young
ghost, spirit	*hantu*	hun too

good fortune; (luckily)	*nasib baik; (mujur)*
to give advice; (a precept)	*kasi nasihat; (petua)*
to be patient awhile; (impatient)	*sabar dulu; (tak sabar)*
to forswear; (taught a lesson)	*tobat; (serik)*
to fulfil a vow; (intention)	*bayar niat; (niat)*
cruelty to animals; (torture)	*seksa binatang; (seksa)*
a wretch, a rascal; (curse it!)	*orang celaka; (celaka)*
persistent bad luck	*nasib celaka, nasib malang*
adversity; (an accident)	*malang; (kemalangan)*
bringing bad luck; (a charm)	*sial; (tangkal)*
a calamity, ills; (to avert do.)	*bala; (tolak bala)*
intelligent, wise; (learned)	*berakal; (alim)*
to devise means; (a dodge, trick)	*cari akal; (akal)*
a debt of gratitude; (kindly)	*hutang budi; (baik budi)*
to repay kindness; (tact)	*balas budi; (baik bahasa)*
geography; (magic)	*ilmu dunia; (ilmu)*
the Gospels; (Old Testament)	*injil; (taurat)*
Jesus the Messiah; (Christian)	*Isa Al´Masih; (Masihi)*
Mohammed; (a prophet)	*Nabi Muhammad; (nabi)*
the Islamic religion; (a Moslem)	*agama Islam; (orang Islam)*
lawful; (tradition; circumcision)	*halal; (sunat)*
forbidden; (mis-begotten)	*haram; (haram jadah)*
worldly possessions; (the earth)	*harta dunia; (bumi)*
Hell, Gehenna; (destroyed)	*jahanam; (sudah jahanam)*

God, Allah; (an apostle)	*Allah; (rasul)*
greed, avarice; (greedy)	*tamak; (gelojoh, rakus, I)*
to make peace; (to reconcile)	*damai; (berdamai)*
to die; (spirit of life)	*putus nyawa; (jiwa)*
spirit, soul; (timorous)	*semangat; (lemah semangat)*
the Devil, Satan; (the Fiend)	*setan, syaitan; (iblis)*
a genie, a goblin; (an ogre)	*jin; (gergasi)*
a demi-god; (abode of do.)	*dewa; (kayangan)*
an angel; (a fairy; a nymph)	*malaikat; (pari; bidadari)*
a Masonic lodge	*rumah hantu, rumah setan (I)*

EXERCISE 39 *Buildings*

town, market	*pekan*	puck an
palace	*istana*	iss tah nah
fort	*kota*	co tah
pavilion, hall	*balai*	bah lye
prison, gaol	*penjara*	pun jah rah
shed	*bangsal*	bung sul
hut, shanty	*pondok*	pone doe
tent	*khemah*	cay mah
cage, coop	*sangkar*	sung car
nest	*sarang*	sah rung
mine, excavation	*lombong*	loam bong
fish-trap	*kelong*	cay long
enclosure, pen	*kandang*	cun dung
landing-place	*pangkalan*	pung cul un
stage, platform	*panggung*	pung gong
storey, tier	*tingkat*	teng cut
frame, skeleton	*rangka*	rung kah
boundary	*sempadan*	sum pah dun
embankment, bund	*batas*	bah tus
dam, weir	*empang*	um pung
ditch, drain; trench	*parit*	pah rit
water-pipe	*pancur*	pun chore
mosque	*masjid*	mus jid
shrine, miracle-working	*keramat*	crah mut
grave, tomb	*kubur*	coo bore

a seaport, a town; (a town)	*bandar; (kota, I)*
a harbourmaster	*syahbandar*
a palace; (court language)	*dalam; (bahasa dalam)*
a redoubt, a breastwork	*benteng*
a palisade, a stockade, a fort	*kubu*
an audience hall	*balai, pendapa (J)*
a council chamber	*dewan*
a law court	*mahkamah, rumah bicara (I)*
a sleeping bench	*pentas, pangking, bale-bale (I)*
labourers' lines; (hutments)	*bangsal kuli; (bangsal)*
a horse-stable; a stall	*bangsal kuda; stal (E), tan (P)*
a canopy, a tent; (an awning)	*tenda (I); (cateri)*
a spider's web	*sarang labah-labah*
an ant's nest; (an ant-hill)	*sarang semut; (busut)*
to wash for tin; (tailings)	*lampan; (tahi lombong)*
a trough, a sluice-box	*palung*
fishing-stakes; (inshore do.)	*jeremal (P); (belat)*
a fish-trap; (riverine do.)	*bubu; (lukah)*
a pigsty; (a horse-stable)	*kandang babi; (kandang kuda)*
a naval base	*pangkalan kapal perang*
a landing-place, a jetty	*pangkalan, bagan (P), jeti (E)*
beginning, first stage; butt	*pangkal*
a star actress, leading lady	*sri panggung*
an open platform, staging	*palantar, bagan (P)*
storey; (an upper floor)	*peringkat (P); (loteng, C)*
to pile up, a layer; (in rows)	*susun; (bersusun)*

an umbrella frame; (a skeleton)	*rangka payung; (tulang rangka)*
a boundary; (a limit, a bund)	*perenggan (P); (watas, J)*
a conduit; (guttering)	*pancuran; (saluran)*
religious bequests; (a parish)	*wakaf; (mukim)*
a Moslem religious school	*bandarsah/madrasah*
an Islamic prayer-house	*surau, langgar (I)*
a sacred tiger; (holy)	*rimau keramat; (keramat)*
a cemetery; (a gravestone)	*tanah kubur; (nisan)*

EXERCISE 40 *Verbs*

float, emerge	*timbul*	tim bole
sink, submerge	*tenggelam*	tung glum
leap down	*terjun*	ter joan
dive	*selam*	slum
let down, lower	*labuh*	lah boh
drift, adrift	*hanyut*	hun yote
fish, angling	*pancing*	pun ching
hook on to	*kait*	kite
scrape out, dig, bore	*korek*	co ray
heave up	*bongkar*	bong car
entangle	*sangkut*	sung coat
roll up	*gulung*	goo long
wind round	*lilit*	lee lit
roll, grind	*giling*	gee ling
lean against	*sandar*	sun dar
lodge; join in, share	*tumpang*	tome pung
shout, cry out	*teriak*	tree aa
tease, annoy	*usik*	oo say
whistle	*siul*	see ole
blow	*tiup*	tee ope
swallow	*telan*	tul un
carry on shoulder	*pikul*	pee coal
bring up, nurture	*bela*	blah
flatter, coax	*pujuk*	poo jo
praise, laud	*puji*	poo jee

to rise to the top; (pumice)	*timbul; (batu timbul)*
moonrise; next month	*bulan timbul*
a float; (buoyant, light)	*pelampung; (lampung)*
to toss up, to surge; to bounce	*lambung*
to be drowned; (to stifle)	*mati lemas; (lemas)*
to capsize at sea; (to founder)	*karam di laut; (karam)*
to run aground; (stranded)	*kandas; (terkandas)*
a waterfall; (to dive down)	*air terjun; (junam)*
to duck; (a diver)	*selamkan; (juruselam)*
an anchorage, a roadstead	*pelabuhan, pelabuan (I)*
to anchor; (a long coat)	*berlabuh; (baju labuh)*
to drag (of an anchor)	*larat*
to pay out (of rope); (lower away)	*hulur; (aria)*
to flow as water; (to trickle)	*alir; (leleh)*
a channel, a furrow, a groove	*alur*
to fish with hook and line	*pancing; kail, mengail (P)*
a fishing-line; (a trace do.)	*tali pancing; (tali perambut)*
a fish-hook; (a paternoster)	*mata kail; (ranggung)*
a fishing-rod; (catgut)	*joran, bok (P); (tangsi)*
to troll; (a fisherman)	*pancing tunda; (pengail)*
to put bait on a hook	*kait umpan*
to knit; (a hook, a crook)	*kait, rajut; (gancu)*
to dig a hole, to worm out	*korek lubang*
to scrape the ears; (a toothpick)	*korek telinga; (korek gigi)*
a drill, a bore; (an auger)	*pengorek; (gerudi; geremit, P)*
to burrow; (to punch a hole)	*keruk; (tebuk)*

to scrape off; to fleece	*kikis*
to scale a fish; (to clean do.)	*kikis ikan; (siang)*
to pick or prise out	*cungkil*
to pick at; (to pluck open)	*kopek; (kopak)*
to ransack; (topsy-turvy)	*bongkar; (terbongkar)*
to hang up a coat; (a peg)	*sangkut baju; (penyangkut)*
caught up; (connected with)	*tersangkut; (bersangkut)*
a rolled mat; (to tuck up)	*segulung tikar; (singsing)*
to twine round; (tricky)	*belit; (pusing belit)*
to coil; (a coiled snake)	*lengkar; (ular berlengkar)*
to twist; (to spin rope)	*pintal; (pintal tali)*
to plait, to braid; (to weave)	*anyam; (tenun)*
a noose; (to be snared)	*jerat; (kena jerat)*
to grind curry-stuffs	*giling rempah*
a curry-stone; (the roller)	*batu giling; (anak batu giling)*
a mill	*kilang, gilingan (I)*
a roller; (do. for a slip-way)	*penggiling; (galang)*
to revolve on the flat; (a quern)	*kisar; (kisaran)*
to roll over; (to roll, to rock)	*guling; (golek)*
to roll on; (to be run over)	*gelek; (kena gelek)*
to sit back; (a back-rest)	*bersandar; (papan sandar)*
to give as security; (a pledge)	*sandarkan; (sandaran)*
to stretch out one's feet	*belunjur*
to get a lift on a carriage	*tumpang kereta*
to take passage; (a passenger)	*tumpang; (penumpang)*
to take the liberty to ask	*tumpang bertanya*

to call out; (to cry out)	*berteriak; (berkeriau, P)*
to scream; (to cheer)	*pekek, jerit; (sorak)*
to disturb, to meddle with	*usik*
to whistle with the lips	*siul, bersiul*
to be blowing of wind	*angin bertiup*
a bellows; (to blow a bugle)	*peniup api; tiup trompet)*
stuck in the throat as food	*termengkelan, lan (P)*
a load, $133\frac{1}{3}$ lb.; (a burden)	*pikul; (beban)*
to carry on a yoke; (a litter)	*kandar; (usung, tandu, I)*
a carrying-pole, a yoke	*pengandar, kayu kandar*
to keep hens; (a nursling, pet)	*bela ayam; (didik)*
to look after the sick; (to tend)	*bela orang sakit; (rawat, I)*
to bring up, to rear, to keep	*pelihara, piara, pelera (P)*
to soothe; (to wheedle)	*bujuk; (kecek)*
to comfort, to console; (solace)	*hibur; (hibur hati)*
compliments; (a hymn book)	*pujian-pujian; (kitab puji-pujian)*

Chinese Loan Words

the head of a family or firm	*tauke*
a Chinese doctor	*sense*^{n}
an honorific; Sec. Chinese Affairs	*taijin*
a Cantonese prostitute	*loki*
a rough, a bully	*samseng*
a detective; (an informer)	*ampai; (tawa)*
a revenue officer	*cinteng*
a supercargo	*cincu*
a steersman, a skipper	*taikong*
to row like a gondolier	*ciau*
to scull with a stern-sweep	*yulo*
a croupier or banker	*pokoa*^{n}
the game of poh (a brass cube)	*po*
the game of fantan	*toa*^{n}
the game of chicky (narrow cards)	*ciki*
a game with European cards	*pakau*
a game with a tee-totum	*pebin*
a twelve-figure lottery	*capjiki*
to club together, to subscribe	*teyan*
a Chinese social club	*kongkoan*
a partnership, an association	*kongsi*

a Chinese temple	*tokong*
an idol, a joss	*topekong*
brass cymbals	*che*^{n}*-che*^{n}
rouge; (vermillion)	*inci; (gincu)*
a queue, a pig-tail	*taucang*
a ricksha, a trisha; (a carriage)	*beca, langca (P); (ca)*
a bathing-clout	*cukin*
soy; (soya-bean curd)	*tauyu; (tauhu)*
bean sprouts (a vegetable)	*tauge*
noodles, macaroni; (vermicelli)	*mi*^{n}*; (suun)*
a dish of noodles, prawns and pork	*bami, mami*
melon seeds (for nibbling)	*kuaci*
a Chinese liquor, samshoo	*samsu*

Nationalities

an African (negro)	*Habsyi*
an American	*Amerika*
an Arab	*Arab*
a Burmese	*Burma*
a Chinese[1]	*China*
a Dutchman	*Belanda*
an Egyptian	*Mesir*
an Englishman	*Inggeris*
a European	*Eropah*
a Eurasian	*Serani*
a Filipino	*Manila*
a Frenchman	*Perancis*
a German	*Jerman*
an Indian[2]	*India*
an Indonesian[3]	*Indonesia*
an Italian	*Itali*
a Japanese	*Jepun*
a Jew	*Yahudi*
a Malay	*Melayu*
a Portuguese	*Portugis*
a Russian	*Rusia*
a Siamese, a Thai	*Siam*
a Spaniard	*Sepanyol*
a Turk	*Turki*

(Preceded by *orang* for a person and *negeri* for a country.)

NOTE.— Cantonese, Makau; Hokkien, Hokian; Hylam (Hainanese), Hailam; Kheh (Hakka), Khe'; Teochew, Techu.

[2]Cingalese, Selon; Gujerati, Bombai; Malabari (Moplah), Melebari; Parsee (Persian), Parsi; Pathan, Kabul; Sikh, Benggali; Tamil or Telugu, Keling.

[3]Achinese, Acheh; Ambonese, Ambun; Banjarese, Banjar; Boyanese, Boyan; Bugis, Bugis; Javanese, Jawa; Madurese, Madura; Menadonese, Menado; Sundanese, Sunda.

Numerals

1. *satu* (sah too)
2. *dua* (doo ah)
3. *tiga* (tee gah)
4. *empat* (um putt)
5. *lima* (lee mah)
6. *enam* (un num)
7. *tujuh* (too joh)
8. *lapan* (lah pun)
9. *sembilan* (sum bee lun)
10. *sepuluh* (spoo loh)
11. *sebelas* (sub lus)
12. *dua belas*
13. *tiga belas*
14. *empat belas*
15. *lima belas*
16. *enam belas*
17. *tujuh belas*
18. *lapan belas*
19. *sembilan belas*
20. *dua puluh*
21. *dua puluh satu*
22. *dua puluh dua*
23. *dua puluh tiga*
24. *dua puluh empat*
25. *dua puluh lima*
26. *dua puluh enam*
27. *dua puluh tujuh*
28. *dua puluh lapan*
29. *dua puluh sembilan*
30. *tiga puluh*
31. *tiga puluh satu*
40. *empat puluh*
50. *lima puluh*
60. *enam puluh*
70. *tujuh puluh*
80. *lapan puluh*
90. *sembilan puluh*
100. *seratus* (srah toos)
101. *seratus satu* (etc.)
200. *dua ratus* (etc.)
1000. *seribu* (sree boo)
1001. *seribu satu* (etc.)
2000. *dua ribu* (etc.)

a million—*satu juta*
a quarter—*suku* (soo coo)
a fourth—*seperempat* (etc.)
a half—*setengah* (stung ah)
three-quarters—*tiga suku*
the first—*yang pertama*
the second—*yang kedua* (etc

Time

one o'clock	*pukul satu*
quarter past two	*pukul dua suku*
half past three	*pukul tiga setengah*
quarter to four	*pukul tiga tiga suku*
four forty	*pukul empat-empat puluh*

MALAY-ENGLISH GLOSSARY

A

abang	brother
abu	ash
abuk	dusk
acar	pickles
acu	try
acuan	mould
ada	be
adang	screen
adat	customs
adik	younger brother/sister
adil	just
adu	compete
adun	knead
agak	guess
agama	religion
agar-agar	jelly
agas	sandfly
Ahad	Sunday
ahli	member, adept
air	water
air api	acid
air batu	ice
air keras	alcohol
air mata	tears
air muka	complexion
air pasang	floodtide
ajaib	wonderful
ajak	invite
ajar	teach
akal	intelligence
akan	to
akar	root
aku	I
alah	defeat
alamat	address, token
alang-alang	spear grass
alas	base
alat	equipment
alih	shift
alim	learned
alir	flow
alis	eyebrow
Allah	God
almari	wardrobe
alu	pestle
alun	rollers
alun-alun	square
alur	channel
amah	nursemaid
aman	peaceful

amang	wolfram	*api*	fire
amat	very	*apit*	compress
ambil	take	*ara*	fig
amuk	amuck	*arah*	direction
ampang	dam	*arak*	spirits
ampun	forgive	*aral*	hindrance
anai-anai	termite	*arang/arang batu*	coal
anak	child	*arang para/ jelaga*	soot
anak buah	dependents	*aria*	lower
anak cucu	descendants	*aring*	sugar-palm
anak dara	virgin	*asah*	sharpen
anak lidah	uvula	*asak*	cram
anak mata	pupil	*asal*	origin
anak patung	doll	*asam*	sour
anggerik	orchid	*asap*	smoke
angguk	nod	*asyik*	enamoured
anggur	grape	*asin*	salty
anggota	limb	*asing*	separate
angin	wind	*askar*	soldier
angkat	raise	*atap*	thatch
angkatan	expedition	*atas*	above
angkup	tweezers	*atas angin*	windward
angkut	carry	*atau*	or
angkut-angkut	mason-wasp	*atur*	arrange
anglo	brazier	*auta*	bluff
angsa	goose	*awak*	you
angsana	senna	*awal*	commence-ment
aniaya	opress	*awan*	cloud
anjing	dog	*awas*	beware
ansur	by degrees	*ayah*	father
antan	pestle	*ayak*	sieve
antara	between	*ayam*	hen
antero	whole	*ayun*	sway
anting-anting	ear-ring		
anu	so and so		
anyam	plait		
apa	what		
apabila	when		

B

baba	Straits born
babi	pig
babu	maidservant
baca	read
badak	rhinoceros
badak sumbu	rhino horn
badam	almond
badan	body
bagai	like
bagaimana	how
bagan	staging
bagi	give, for
baginda	royalty
bagus	splendid
bah	flood
bahagi	divide
baharu	new, newly, then
bahasa	language
bahaya	danger
bahu	shoulder
baik	good
baja	manure
bajak	plough
baji	wedge
baju	coat
baju kurung	smock
bakar	burn
bakau	mangrove
bakul	basket
bala	calamity
balai	pavilion
balai polis	police station
balak	beam
balas	requite
baldi	bucket
baldu	velvet
balik	return; reverse
balun	thrash
balut	wrap
bambu	bamboo
banci	census
bandar	town
banding	compare
bangau	egret
bangkai	carcass
bangkit	rise
bangku	bench
bangsa	race
bangsal	shed
bangsat	vagrant
bangsawan	opera
bangun	get up
banjir	flood
bantah	disobey
bantai	butcher
bantal	pillow
bantu	assist
banyak	many
bapa	father
bara	embers
barah	abscess
barang	things
barangkali	perhaps
barat	west
baring	lie down
baris	line, parade
barua	pimp
barut	swathe
basah	wet
basi	stale
basuh	wash
bata	brick

batang	stem
batas	bund
batik	batique
batu	stone
batuk	cough
batuk kering	consumption
batuk lelah	asthma
bau	smell
baulu	sponge cake
bawa	bring
bawah	below
bawah angin	leeward
bawal	pomfret
bawang	onion
bawang putih	garlic
bawang merah	shallot
bayam	spinach
bayang	shadow
bayar	pay
bayi	baby
beban	burden
bebas	free
bebek	duck
bedak	face-powder
bedil	firearm
beduk	drum
begini	thus
begitu	so
bekal	provisions
bekas	trace, receptacle
beku	congeal
bela	nurse
belacan	prawn paste
belacu	calico
belah	cut open
belahak	belch
belajar	learn
belakang	back
belalai	trunk
belalang	grasshopper
belanak	mullet
belanda	Dutch, foreign
belang	striped
belanga	clay pot
belangkas	king-crab
belanja	expense
belantik	spring-gun
belas	sympathy
belat	fish-weir
belau	blue
belayar	sail
belerang	sulphur
beleter	chatter, nag
beli	buy
belikat	shoulder blade
belimbing	carambola
beliung	adze
belit	twine
belok	tack
belot	desert
belukar	scrub
belum	not yet
belunjur	stretch out
belut	eel
benang	thread
benar	real
benci	hate
benda	article
bendang	ricefield
bendari	galley chef
bendera	flag
bendi	okra
bendul	threshold
bengis	cruel

bengkak	swollen	*beroti*	lath
bengkang	zigzag	*bersalin*	change dress; give birth
bengkok	crooked		
benih	seed	*bersatu*	united
bentang	spread	*bersih*	clean
bentat	stodgy	*bersin*	sneeze
benteng	breastwork	*bertam*	bertam-palm
bentuk	shape	*bertelur*	lay eggs
beo	mynah	*bertih*	popped rice
beradu	compete	*bertolak*	push off
berak	defecate	*beruang*	bear
beranak	give birth	*beruk*	macaque
beranda	veranda	*berus*	brush
berangan	chestnut, arsenic	*besar*	big
		besen	basin
berangkat	set out	*besi*	iron
berani	brave	*besi waja*	steel
berapa	how much	*besi berani*	magnet
berarak	procession	*besi kuda*	horse-shoe
beras	rice	*besok*	tomorrow
beras belanda	barley	*betik*	pawpaw
berat	heavy	*betina*	female
berbuah	bear fruit	*beting*	sandbar
berdagang	trade	*betis*	calf
berdiri	stand	*betul*	correct
berenang	swim	*biasa*	accustomed
berhala	idol	*biawak*	iguana
berhenti	stop	*bibi*	queen (cards)
beri	give	*bibir*	lip
berkelahi	fight	*bibit*	seedling
berkenan	approve of	*bicara*	court case; discuss
berkik	snipe		
berkokok	cock crow	*bidadari*	nymph
berlaga	collide	*bidai*	sunblind
berlian	brilliant	*bidan*	midwife
berlutut	kneel	*bijak*	smart
berniaga	trade	*bijan*	sesame
beronok	sea-slug	*biji*	seed

biji mata	eyeball	*bomoh*	medicine-man
bijih	ore	*boncis*	french bean
bikin	make	*bongkar*	ransack
bila	when	*bongkok*	humped
bilang	say, count	*bongsu*	last born
bilik	room	*bopeng*	pockmark
bilis	whitebait	*boria*	mimers
bimbang	anxious	*borong*	contract
bin	son of	*boros*	squander
binasa	destroy	*botak*	bald
binatang	animal	*botol*	bottle
bingung	dazed	*boya*	buoy
bini	wife	*buah*	fruit
bintang	star	*buah hati*	darling
bintang berekor	comet	*buah pinggang*	kidney
		buah susu	passion fruit
bintang dua belas	zodiac	*buai*	swing
		buang	discard
bintang pari	Southern Cross	*buat*	do
		buat-buat	feign
bintang tujuh	Pleiades	*buaya*	crocodile
binti	daughter of	*bubu*	fishtrap
biola	violin	*bubuk*	weevil
biri-biri	sheep	*bubur*	rice-broth
biru	blue	*budak*	youth
bisa	venom, able	*budi*	kindness
bisik	whisper	*bujang*	bachelor
bising	noise	*bujur*	oval
bisu	dumb	*buka*	open
bisul	boil	*bukan*	not
bius	unconscious	*bukit*	hill
bocor	leak	*buku*	knuckle, book
bodoh	stupid	*bulan*	moon
bohong	lie	*bulang-baling*	weathercock
bola	ball	*bulat*	round
boleh	can	*bulu*	feather, hair, wool
bom	shaft		
bomba	pump	*bulu mata*	eyelash

bulu roma	body hair
buluh	bamboo
bumbung	roof
bumbu	spices
bumi	earth
buncit	corpulent
bunga	flower
bunga air	whitebait
bunga api	fireworks
bunga rampai	potpourri
bunga raya	hibiscus
bunga telur	ceremonial eggs
bungkus	bundle
bunting	pregnant
buntut	tail end
bunuh	kill
bunyi	sound
burit	posterior
buritan	stern
buru	hunt
buruh	labour
buruk	rotten
burung	bird
burung dara	pigeon
burung gereja	sparrow
burung hantu	owl
busuk	putrid
busut	ant-hill
buta	blind
butang	button
butir	grain

C

cabai	chilli
cabang	fork
cabuk	whip
cabut	pull out
cacak	stick in
cacar	smallpox
cacar air	measles
cacat	blemish
cacing	worm
cadar	sheet
cahaya	lustre
cair	watery
cak	finch
cakap	talk
cakar	scratch
calit	smear
cam	recognise
camca	teaspoon
campak	throw down, measles
campur	mix
canai	grind
candu	opium
cangkat	shallow
cangkir	cup
cangkuk	hook
cangkul	hoe
cantik	pretty
cap	print, chop
cap jari	finger print
capal	sandals
capek	weary
capik	lame
caping	modesty-piece
capjiki	lottery
cara	mode
cari	look for
carut	talk filth
cat	paint

catur	chess
cawan	teacup, cangkir
cawat	loincloth
cedok	scoop
cekik	choke
ceki	card game
celaga	soot
celah	crevice
celaka	accursed
celana	trousers
celur	scald
celup	steep
cemara	hair switch, casuarina
cemburu	jealous
cemeti	whip
cempa	champac
cempaka	temple flower
cempedak	jackfruit
cempelik	pitch and toss
cencaluk	shrimp-relish
cencang	mince
cendawan	mushroom
cengal	hardwood
cengkaduk	mantis
cengkih	cloves
cengkeram	deposit
cengkerik	cricket
cepat	quick
ceper	saucer
cerah	clear
cerai	separate
cerdik	quick witted
cerek	kettle
ceret	diarrhoea
cerewet	fussy
cerita	story
ceritera	tale
cermat	careful
cermin	looking-glass
cermin mata	spectacles
ceruk	nook
cerut	constrict
cetak	print
cetek	shallow
cetera	story
ciau	scull
cicak	lizard
cik	miss
ciku	sapodilla
cili	chilli
cincin	ring
cincu	supercargo
cinta	love
cita	chintz
cium	kiss
cocok	suit
coli	brassiere
condong	sloping
contoh	model
corak	pattern
corong	funnel
cota	baton
cuba	try
cubit	pinch
cuci	clean
cucu	grandson
cucuh	kindle
cucuk	prick
cucuk sanggul	hairpin
cucur	cakes
cucur atap	eves
cuka	vinegar
cukai	tax
cukin	bath-cloth

cukup	enough
cukur	shave
cuma	simply
cumik	squid
cungkil	prise out
cupak	quart
cuping	ear-lobe
curah	pour out
curam	steap
curi	steal
cuti	leave

D

dabal	pouch
dacing	steelyard
dada	chest
dadar	omelet
dadih	curds
dadu	dice
daerah	district
daftar	list
dagang	foreign
daging	meat
daging darah	kin
dagu	chin
dahaga	thirst
dahak	phlegm
dahan	bough
dahi	forehead
dahulu	before
dakap	embrace
daki	skin dirt
dakwa	prosecute
dakwat	ink
dal	split peas
dalam	inside, deep
dam	draughts
damai	make peace
damak	dart
daman	mainsheet
damar	resin, torch
damnah	dominces
dan	and, manage
danau	lake
dapat	obtain
dapra	fender
dapur	cooking-place
dara	virginity
darah	blood
darat	shore
dari	from
darihal	about
daripada	from; than
darjah	grade
darjat	grade
darji	tailor
datang	come
datuk	grandfather
daun	leaf
dawai	wire
daya	artifice
dayung	oar
debar	throb
debu	dust
dedak	bran
degil	obstinate
dek	by
dekat	near
delapan	eight
delima	pomegranate, ruby
demah	poultice
demam	fever
demam kura	malaria

denda	fine
dengan	with
dengar	hear
dengkur	snore
denyut	throb
depa	fathom
depa	they
depan	in front
deras	speed
deret	ranks
derhaka	disloyal
desa	hamlet
destar	turban
dewa	demigod
dewan	council-room
di	in, by
dia	he, she, it
diam	quiet, dwell
didik	nursling
dinding	partition
dingin	cold
diri	self
doa	prayer
dobi	washerman
domba	sheep
dondang	lullaby
dosa	sin
dua	two
duduk	sit
duga	probe
duit	money
dukung	carry on hip
duku	fruit, dookoo
dukun	medicine-man
dulang	tray
dulu	former
dunia	world
dupa	incense
duri	thorn
durian	thorny fruit
durian belanda	soursop
dusta	lie
dusun	orchard

E

eja	spell
ekor	tail
ela	yard
elok	fine
emak	mother
emas	gold
emas putih	platinum
ember	pail
embun	dew
empat	four
empang	dam
empuk	tender
empunya	own
enak	delicious
encik	mister
encir	watery
endap	lie in wait
engkau	you
engku	prince
engsel	hinge
entah	who knows
enteng	light
erti	understand
esok	tomorrow

F

fikir	think
fitnah	slander

G

gadai	pawn
gading	ivory
gading-gading	boat's ribs
gadis	maiden
gaduh	row
gagap	stammer
gajah	elephant
gaji	wages
gajus	cashew
galah	pole
galang	roller
gali	dig
gamak	guess
gambar	picture
gambir	gambier
gambus	guitar
gamelan	xylophone
gamit	beckon
gampang	easy
gancu	hook
ganda	fold
gandum	wheat
ganggu	interfere
ganja	Indian hemp
ganjil	odd
gantang	gallon
ganti	exchange
gantung	hang
garam	salt
garang	fierce
garau	hoarse
garing	crisp
garis	groove
garuk/garu	scratch
garpu	fork
gasak	set about
gasing	top
gatal	itchy
gaul	mix
gaung	gully
gaya	manner
gayung	ladle
gebang	gossip
gedung	warehouse
gegala	pitch
gegat	silverfish
gelak	laugh
gelang	bracelet
gelanggang	arena
gelap	dark
gelar	title
gelas	glass
gelegar	joist
gelek	run over
geletar	tremble
geletek	tickle
geli	ticklish
gelincir	side-slip
gelojoh	greedy
gelombang	rollers
gembur	friable
gemuk	fat
gempa	earthquake
gempar	gempar
genap	even
gendang	drum
genggam	fistful
genting	tile, hill pass
gerabak	waggon
geraham	molar
gerak	move
geram	impulse
gereja	church
gergaji	saw

gergasi	giant
gerhana	eclipse
gerobok	cupboard
gertak	threaten
gesek/gosok	rub
gerudi	auger
getah	rubber
getah taban	gutta-perca
gigi	tooth
gigil	shiver
gigit	bite
gila	mad
gila babi	epilepsy
gila urat	girl crazy
giling	roll
gilir	turn
gincu	vermilion
gobar	noised abroad
golek	roll
golok	billhook
gomol	wrestle
goncang	shake
gondol	bare
gong	gong
gopoh	hurried
goreng	fry
goyang	shake
gua	cave
gudang	godown
gugur	drop
gula	sugar
gula-gula	sweets
gula jawa	jaggery
gula melaka	palm-sugar
gulai	curry
guli	marbles
guling	roll over, bolster
gulung	roll up
gulung-gulung	purlins
guna	use
guni	gunny-bag
gunung	mountain
gunung berapi	volcano
gunting	scissors
guntur/guruh	thunder
gurau	jest
guris	scratch
guru	teacher
gusi	gums
gusti	wrestling

H

habis	finished
habuk	dust
habuan	share
had	limit
hadam	digest
hadap	facing
hadapan	in front
hadir	present
hairan	astonished
hajat	wish
haji	pilgrim
hakim	judge
hal	circumstance
hala	direction
halal	lawful
halau	drive out
halia	ginger
haluan	bow
halus	candied-fruit
halwa	slave, I
hambat	chase

hamis	fishy
hampar	spread out
hampas	dregs
hampir	almost
hancing	stench
hancur	crush
handuk	towel
hang	you
hangat	hot
hangpa	you all
hangus	burnt
hantar	convey
hantu	ghost
hanya	only
hanyut	drift
hapak	musty
haram	unlawful
haram jadah	bastard
harap	hope
harga	cost
hari	day
haribulan	date
hari jadi	birthday
harimau	tiger
harimau bintang	panther
harta	property
harum	scented
harus	ought
hasta	ell
hati	heart, mind liver
haus	thirsty
hawa	air
hawar	pestilence
helai	sheet, piece
helang	hawk
hempedal	gizzard
hempedu	gall
hendak	desire
hentam	bash
herot	awry
hias	adorn
hibur	solace
hidung	nose
hidup	alive
hijau	green
hikayat	narrative
hilang	lose
hilir	downstream
himpun	collect
hina	humble
hingar	clamour
hingus	snot
hiris	slice
hirup	sip
hisap	suck
hitam	black
hitam manis	brown
hitung	count
hormat	respect
hubung	connect
hujan	rain
hujan batu	hail
hujung	end
hukum	command
hulur	pay out
hulu	upstream
huma	hill-paddy
huru-hara	disturbance
huruf	letter
hutan	forest
hutang	debt

I

ia he, she
iaitu namely
iblis fiend
ibu mother
ibu jari thumb
ibu bapa parents
ibu negeri capital
ikan fish
ikan lidah sole
ikan merah snapper
ikat tie
ikat cincin setting
ikut follow
ilmu science
imam prayer leader
inci inch, rouge
indo Eurasian
ingat remember
ingin desire
ini this
injil gospel
insang gills
intai peep
intan diamond
ipar in-law
Isa Jesus
isyarat sign
isi contents, fill
isi rumah inmates
isi perut entrails
Islam Islam
Isnin Monday
istana palace
isteri wife
itik duck
itu that
izin permission

J

jadam aloe
jadi become
jaga watch, awake
jagung maize
jahanam hell, destroyed
jahat bad
jahit sew
jajahan district
jala cast-net
jala-jala lattice
jalan road, way, walk, go
jalang harlot
jalur dug-out
jam hour, clock
jamban commode
jambang whiskers
jambatan bridge
jambu rose-apple
jambul tuft
jamin bail
jamur mushroom
jampi incantation
jamu invite
janda widow
jangan don't
janggut beard
jangkar anchor
jangkit contagious
janji agree
jantan male

jantung	heart
jarak	castor-oil
jarang	seldom
jari	finger
jaring	net
jaring-jaring	lattice
jarum	needle
jati	real, teak
jatuh	fall, drop
jauh	far
jawab	answer
jawi	Malay script
jawi-jawi	banyan
jaya	succed
jejari	spokes
jelas	settled
jelatik	jawa-sparrow
jelik	bad, ugly
jelujur	tack
jelutung	wild-rubber
jempul	thumb
jemput	invite
jemu	sated
jemu jelak	nauseated
jemur	sun-dry
jemudi	steerman
jenang	doorpost
jendela	window
jengkal	span
jentik-jentik	wrigglers
jeram	rapids
jerat	noose
jerawat	pimple
jeremal	fish-weir
jerit	scream
jernih	limpid
jeruk	salt-pickle, citrus
jerumat	darn
jerung	shark
jidal	thimble
jika	if
jikalau	if
jilat	lick
jilid	volume
jimat	economical
jin	jinn
jinak	tame
jintan	caraway
jintan manis	anise
jintan putih	cumin
jirus	sprinkle
jiwa	life
jodoh	match
joget	dancing girl
jong	model-yacht
jongkong	canoe
jongos	steward
joran	rod
jual	sell
jubin	floor-tile
judi	gambling
juga	also
julap	aperient
juling	squint
Jumaat	Friday
jumlah	add
jumpa	meet
junjung	carry on head
jurang	gully
juru	expert
jurubahasa	interpreter
jurumudi	steersman
jut	traces
juta	million

K

kabung	sugar palm
kabu-kabu	kapok
kabut	misty, fog
kaca	glass
kaca mata	spectacles
kaca piring	gardenia
kacak	smart
kacang	bean
kacang-kacang	pellets
kacang goreng	peanuts
kacang hijau	green-gram
kacang putih	chick-pea
kacau	stir, disturb
kacip	scissors
kacung	youngster
kadang-kadang	sometimes
kafan	shroud
kah	interrogative
kahwa	coffee
kahwin	marry
kail	fishing
kain	cloth
kait	hook on
kajang	mat-awning
kakak	elder sister
kakaktua	cockatoo
kaki	foot
kaki lima	pavement
kaku	stiff
kala jengking	scorpion
kalah	defeat
kalam	pen
kalau	if
kaleng	tin
kali	time, occasion, river
kalung	flying-fox
kamar	room
kambeli	blanket
kambing	goat
kambus	fill in
kami	we
kampung	village
kamu	you
kamus	dictionary
kanak-kanak	children
kanan	right
kana	olive
kancil	mousedeer
kancing	fasten
kandang	stall, pen
kandar	carrying stick
kandas	run aground
kandung	enfold
kangkung	water convolvulus
kanji	starch, congee
kantung	purse
kantur	office
kapak	axe
kapal	ship
kapal api	steamer
kapal terbang	aeroplane
kapan	when
kapas	cotton
kapur	lime, chalk, whitewash
kapur barus	camphor
kapur tohor	quicklime
karam	founder
karang	compose, coral

karat	rust
karet	rubber
kari	curry
kartrij	cartridge
karung	sack
karut	nonsense
kasa	muslin
kasar	coarse
kasih	love
kasi	give
kasur	mattress
kata	say
katak	frog
katak puru	toad
kati	catty
katil	bedstead
katup	close
kaum	family
kaus	couch, socks
kawat	drill, wire
kawah	cauldron
kawah gunung	crater
kawan	friend
kawasan	area
kaya	rich
kayangan	heaven
kayuh	paddle
kayu	wood
kayu arang	ebony
kayu inci	footrule
kayu kapur	camphor-wood
kayu manis	cinnamon
ke	to
kebas	shake out
kebaya	kebaya
kebun	garden
kecapi	lute
kecek	wheedle
kecil	small
kecil hati	feel hurt
kecuali	except
kecut	shrink
kedai	shop
kedekut	mean
kedut	wrinkle
kejap	blink
kejar	chase
keju	cheese
kejut	startle
kekal	lasting
kekang	bit
kekok	awkward
kelabu	grey
keladi	taro
kelakar	jest
kelakuan	conduct
kelam	murk
kelam-kabut	chaos
kelambu	mosquito-net
kelapa	coconut
kelapa kering	copra
kelapa sawit	oil-palm
kelar	slash across
kelasi	sailor
kelat	astringent, mainsail
kelawar	bat
keldai	donkey
keledek	sweet-potato
kelekatu	flying-ant
kelelawar	bat
kelemumur	scurf
kelengkeng	little finger
kelewang	sword
keliling	around

kelip	twinkle
kelip-kelip	firefly
keliru	dazed
kelmarin	yesterday
kelmarin dulu	day before
kelong	fish trap
kelopak	sheath
kelopak mata	eyelid
keluang	flying-fox
keluar	go out
kelumbung	mantilla
kemaluan	pudenda
keman	sensitive plant
kemanakan	nephew/niece
kemarau	drought
kemas	tidy
kematu	corn
kembali	return
kembang	expand, flower
kemban	breast-wrap
kembar	twin
kembiri	castrate
kemboja	frangipanni
kemeja	shirt
kemenyan	benzoin
kemuncak	peak
kempis	deflated
kemudi	rudder
kemudian	afterwards
kemuncup	lovegrass
kena	incur, hit, match
kenal	recognise
kenang	fond thoughts
kenanga	cananga
kenapa	why
kenari	canary
kencang	taut
kencing	urine
kencing nanah	gonorrhoea
kendak	paramour
kendur	slack, loose
kenduri	feast
kening	eyebrow
kental	viscous
kentang	potato
kentut	pass wind
kenyang	sated
kepada	to
kepal	clod
kepala	head
kepala susu	cream
keping	piece
kepingin	long for
kepiting	crab
kepung	hem in
kera	macaque
kerabu	earstud, salad
kerah	corvee
kerajaan	state
kerak	burnt rice
keramat	miraculous
keran	brazier
kerana	because
kerang	cockle
kerani	clerk
keranjang	hamper
kerap	often
keras	hard
kerat	sever
kerbau	buffalo
kerai	sun-blind
kerengga	leaf-ant
kereta	carriage, octopus

keretapi	train	*ketur*	spittoon
keriau	cry out	*khabar*	news
kerikil	pebbles	*Khamis*	Thursday
kering	dry	*khemah*	tent
keringat	sweat	*khianat*	treachery
keris	dagger	*kicap*	ketchup
keriting	frizzy	*kikir*	file
kerja	work	*kikis*	scrape
keruh	muddy	*kilang*	factory
keruk	dig out	*kilat*	lightning
keroncong	tiny bells	*kipas*	fan
kerongkongan	gullet	*kira*	calculate
kerongsang	brooch	*kira-kira*	about
keropok	prawn crisp	*kiri*	left
kertas	paper	*kirim*	send
kertas kembang	blotter	*kisah*	tale
		kisar	revolve
kerumun	mob	*kismis*	currants
keruping	scab	*kita*	we
kerusi	chair	*kitab*	book
kesasar	dazed	*kocek*	pocket
kesat	wipe dry	*kodi*	score
kesemak	persimmon	*kodok*	frog
ketapang	Indian almond	*kol*	cabbage
ketat	tight	*kolam*	reservoir
ketawa	laugh	*kolek*	sailing canoe
ketayap	skull cap	*komedi*	theatre
ketela	tapioca	*konde*	hairdo
ketemu	meet	*kongkoan*	club
ketiak	armpit	*kongsi*	society
ketimun	cucumber	*konon*	it is said
ketip	nip	*kopak*	pluck open
ketua	elder	*kopek*	pick at
ketuk	knock	*kopi*	coffee
ketul	lump	*kopiah*	cap
ketumbar	coriander	*korek*	scrape out
ketumbit	stye	*korek api*	matches
ketupat	rice-mould	*kosong*	empty

kota	fort, town
kotak	chest box
kotor	dirty
koyak	tear
kuaci	melon seed
kuah	gravy
kuala	estuary
kuali	frying pan
kuasa	power
kuat	strong
kubang	wallow
kubis	cabbage
kubu	stockade
kubur	grave
kucai	chives
kucing	cat
kucup	kiss
kuda	horse
kuda-kuda	trestle
kuih	cake/pudding
kuku	nail
kukur	scraper
kukus	steam
kulat	mushroom
kuli	coolie
kulit	skin, bark
kumbang	borer beetle
kumis	moustache
kumur-kumur	gargle
kumpul	collect
kunang-kunang	firefly
kunci	lock, key
kunci mangga	padlock
kuning	yellow
kuningan	brass
kuntau	boxing
kuntum	bud
kunyit	turmeric
kupas	peel
kuping	ear
kupu-kupu	butterfly
kura	spleen
kura-kura	tortoise
kurang	less
kurang ajar	rude
kurap	mange
kurau	thread-pin
kurma	date
kurung	confine
kurus	thin
kusir	coachman
kusta	leprosy
kusut	matted
kutang	bodice
kutil	wart
kutip	pick up
kutu	louse

L

labah-labah	spider
labuh	anchor
laci	drawer
lada putih	pepper
ladam	horseshoe
ladang	clearing
ladung	sinker
laga	collide
lagam	bridle
lagi	more
lagu	tune
lahar	mere
lahir	be born
lai	sheet, piece, pear

lain	different	*lapang*	spacious
lais	back water	*lapangan*	field
lajak	impetus	*lapar*	hungry
laju	speed	*lapik*	base
lak	sealing wax	*lapis*	layer
laki	husband	*lapuk*	mould
laki-laki	man	*larang*	forbid
laksa	vermicelli	*laras*	barrel
laku	be current, conduct	*larat*	drag, able
		lari	run
lalai	neglect	*las*	emery
lalang	coarse grass	*lat*	alternate
lalat	fly	*latah*	nerves
lalu	go by, past	*latih*	train
lama	old, long time	*lau*	fowlhouse
laman	front yard	*lauk*	main dish
lambai	wave	*lawa*	show off
lambat	late	*lawa-lawa*	spider web
lambung	toss up	*lawak*	jest
lampan	tin washing	*lawan*	oppose
lampung	buoyant	*lawat*	visit
lampu	lamp	*layang*	glide
lampu picit	torch	*layang-layang*	swallows
lampu sintar	flashlight	*layar*	sail
lang	hawk	*layu*	fade
langau	bluebottle	*lebah*	bee
langgar	collide	*lebam*	bruise
langit	sky	*lebar*	broad
langit-langit	canopy	*lebaran*	festival
langkah	step	*lebat*	dense
langsir	curtain	*lebih*	more
langsung	straightaway	*leceh*	tiresome
lantai	floor	*leher*	neck
lantak	ram down	*lekang*	loose skinned
lantas	forthwith	*lekas*	quick
lantera	lantern	*lekat*	stick
lap	rang	*lekit*	sticky
lapan	eight	*lelah*	weary

lelaki	man
leleh	trickle
lelong	auction
lemah	weak
lemak	rich/fat
lemas	surface
lembah	valley
lembap	damp
lembik	mushy
lembing	spear
lembu	ox
lembut	soft
lempar	hurl
lena	sound asleep
lendir	slimy
lenga	sesame
lengan	forearm
lenggang	swing of the hips
lengkar	coil
lengkung	curved
lentur	bend
lepas	let go, free, after
lereng	wheel
lesung	mortar
letak	place
letih	weary
letup	explode
letus	pop
lewat	late, past
liar	wild
liat	tough
licin	smooth
lidah	tongue
lidi	midrib
lihat	look at
likat	viscous
lilin	wax, candle
lilit	wind
lima	five
limau	citrus
limau kapas	lemon
limau nipis	lime
limpa	spleen
lindung	shelter
lintah	leech
lintang	crosswise
lintar	thunderbolt
lintas	cut across
lipan	centipede
lipas	cockroach
lipat	fold
liur	spittle
lobak	radish
loceng	clock
lokek	mean
lombong	mine
lompat	jump
long	coffin
longgar	loose
longgok	mound
longkah	loose skinned
longkang	drain
lorong	lane
loteng	storey
lu	you
luan	bow
luar	outside
luas	wide
luat	disgust
lubang	hole
lucah	obscene
lucut	slip off
ludah	spit
luka	wound

lukah	fish-trap
lumba	race
lumur	smear
lumpur	mud
lumut	moss
lunas	keel
lupa	forget
lurah	district
luruh	drop off
lurus	straight
lusa	tomorrow
lutut	knee

M

maaf	pardon
mabuk	drunk
mabuk laut	sea sick
macam	sort/kind
macam ini	thus
macan	tiger
madu	honey, rival
madrasah	chapel
maghrib	west
mahal	expensive
mahkamah	court
mahkota	crown
mahu	want
main	play
main-main	jest
majal	blunt
majlis	assembly
maju	advance
makan	eat
makan angin	outing
makan bunga	usury
makan hati	rankle
makan kecil	little eats
makanan	food
maki	abuse
maklum	known
makna	meaning
maksud	intention
mala	fade
malaikat	angel
malam	night
malang	misfortune
malas	lazy
malai	garland
malim	mate
maling	thief
malu	shame/shy
malu-malu	sensitive plant
mamah	chew
mamak	uncle
mampus	dead
mana	where, which
mancung	high nose
mandi	bathe
mandul	barren
mandur	overseer
mangga	mango
manggis	mangosteen
mangkuk	bowl
manis	sweet
manisan	honey
manja	friendly
manusia	mankind
marah	angry
mari	come
markah	mark
markisa	passion fruit
marmar	marble
martabak	meat omelet
martil	hammer

mas kahwin	settlement
masa	time
masak	cook, ripe
masam	sour
masih	still
masehi	christian
masyhur	famous
masin	salty
masing-masing	each
masjid	mosque
masuk	enter
mata	eye
mata-mata	policeman
mata air	spring
mata gelap	detective
mata kail	hook
mata kaki	ankle
mata lamat	bulls-eye
mata pasak	blue eyes
mata pisau	blade
matahari	sun
matang	ripe
mati	dead
mati pucuk	impotent
matros	sailor
mawas	gibbon
mawar	rose
mayang	palm blossom
meja	table
mek	pulse
melainkan	except
melata	creep
melati	jasmine
melur	jasmine
mem	madam
memang	naturally
meminang	court
mempelam	mango
memulas	colic
menang	win
menangis	cry
menantu	son/daughter in-law
menari	dance
mencari	seek
menatu	washerman
mendidih	bubble
mengadu	complain
mengaji	study
mengaku	admit
mengandung	pregnant
mengantuk	sleepy
mengapa	mengapa
mengeram	brood
mengerang	groan
mengeruh	snore
mengerti	understand
mengiau	mew
menguap	yawn
meniaga	trade
meninggal	die
mentah	raw
mentega	butter
menteri	minister
mentimun	cucumber
mentua	parents-in-law
menyalak	bark
meradang	enraged
merah	red
merajuk	sulk
merak	peacock
meranti	deal
merbah	bulbul
merbahaya	danger
merbuk	turtle-dove

mercun	firecracker
merdeka	free
mereng	aslant
meriam	cannon
merica	pepper
meruap	boil up
mesyuarat	confer
meskipun	although
mesti	must
mi	noodle
mimpi	dream
minggu	week
minta	ask
minta-minta	beggar
minum	drink
minyak	oil
minyak babi	lard
minyak benzin	petrol
minyak gas	petroleum
minyak sapi	suet
minyak tanah	kerosene
minyak tar	tar
misai	moustache
misal	instance
misi	miss
miskin	poor
modal	capital
molek	lovely
monyet	monkey
muafakat	combine
muara	estuary
muat	load
muda	young
mudah	easy
mudek	go upstream
Muhammad	Muhammad
Muharam	1st month of Islamic calendar
mujur	luckily
muka	face
mukim	parish
mula	beginning
mula-mula	firstly
mulai	commence
mulia	honourable
mulut	mouth
muncung	snout
mundur	retreat
munsyi	teacher
muntah	vomit
muntah berak	cholera
murah	cheap
murai	magpie robin
murid	pupil
musang	civet cat
musim	season
musuh	enemy
mustahak	important
mutiara	pearl
mutu	carat

N

nabi	prophet
nadi	pulse
nafas	breath
nafkah	alimony
nafsu	desire
naga	dragon
naik	ascend
nak	wish, will
nakal	naughty
nama	name
nampak	visible

nana	brother
nanah	pus
nanas	pineapple
nangka	jackfruit
nanti	wait, will
nasi	rice
nasib	fate
nasihat	advice
nau	sugar-palm
negeri	country
nenek	grandma
neraka	hell
niat	vow
nibung	thorny-palm
nikah	marry
nila	indigo
nilai	value
nilam	sapphire
nipah	riverine palm
nipis	thin
nira	palm sap
nisan	tombstone
nona	custard apple
noni	young girl
nul	nought
nuri	parrot
nya	his, her, its
nyala	blaze
nyamuk	mosquito
nyanyi	sing
nyaris	nearly
nyata	evident
nyawa	life
nyiru	winnow tray
nyiur	coconut
nyonya	married lady, Mrs

O

olak	eddy
oleh	by
ombak	wave
omong	talk
ongkos	expense
orang	person
otak	brain
otak tulang	marrow

P

pacak	stick in
pacat	leech
paceri	sweet pickle
pacu	goad
pacul	hoe
pada	at, on, in
padam	extinguish
padan	match
padang	field
paderi	clergyman
padi	paddy
pagar	fence
pagi	morning
pageri	pugaree
pagut	peck
paha	thigh
pahala	reward
pahat	chisel
pahit	bitter
pajak	monopoly
pajak gadai	pawnshop
pajak gantung	unredeemed
pajak lelap	pledge shops

pak	papa	*pantun*	versicle
pakai	use, wear	*papan*	plank
pakaian	clothes	*para*	shelf, beat duty
pakat	combine		
pakau	cards	*parang*	bush knife
pakis	fern	*pari*	fairy, sting ray
paksa	force	*parit*	ditch
paku	nail, fern	*paruh*	beak
pal	tack	*paru-paru*	lungs
pala	nutmeg	*parut*	scar, grater
paling	side glance, most	*pasak*	peg
		pasal	reason
palkah	hatches	*pasang*	fix, flow
palsu	false	*pasar*	market
palung	sluice box	*pasir*	sand
panah	arrow	*pasuk*	troop
panas	hot	*pasung*	handcuff
pancang	pole	*pasu*	bowl
pancing	angling	*patah*	break
pancur	pipe	*pateri*	solder
pandai	clever	*pati*	essence
pandan	pandanus	*patuk*	peck
pandang	gaze	*patung*	image
pangeran	noble	*patut*	fitting
panggang	roast	*pawang*	medicine man
panggil	call	*paya*	swamp
panggung	stage	*payah*	difficult
pangkah	cross mark	*payang*	fishing boat
pangkal	landing place	*payung*	umbrella
pangkat	rank	*pebin*	teetotum
pangking	cubicle	*pecah*	smash
panglima	leader	*pecai*	white cabbage
panjang	long	*pedang*	sword
panjat	climb up	*pedap*	absorb
pantai	shore	*pedas*	pungent
pantang	forbidden	*pedih*	smart
pantas	nimble	*pedoman*	compass
pantat	posterior	*peduli*	care

pegang	hold
pegawai	official
pejabat	office
pekak	deaf
pekaka	kingfisher
pekan	town
pekarangan	compound
pekat	thick
pekik	scream
pelabuhan	anchorage
pelaga	cardamon
pelamin	bridal dais
pelampung	float
pelanduk	mousedeer
pelangi	rainbow
pelantar	platform
pelat	accent
pelekat	placard
pelekat	cotton print
pelepah	frond
pelera	rear
pelihara	nurture
pelik	strange
pelipis	temple
pelir	testes
pelita	lamp
pelubang	pit fall
peluh	sweat
peluk	hug
peluang	opportunity
peluru	bullet
pemerintah	government
pemetik	trigger
pena	pen
penabur	pellets
penakan	uncle
penat	tired
pencahar	aperient

pencuri	thief
pendek	short
pending	waist buckle
pendita	priest
pendapa	hall
penganan	cakes
pengantin	bride, bridegroom
penghulu	headman
pening	dizziness
peniti	pin
penjara	gaol
penjuru	corner
penuh	full
pentas	sleeping-bench
penting	important
penyakit	disease
penyangak	sneak thief
penyapu	broom
penyengat	wasp
penyepit	tongs, chopsticks
penyu	turtle
perabut	tools
perada	tinsel
perah	squeeze out
perahu	vessel
perak	silver
percik	spatter
perempat	quarter
peranakan	native born
perang	war
perangai	disposition
perangkap	trap
perawan	maiden
perasap	censer
percaya	believe

percuma	in vain	*petik*	pluck
perdu	tree base	*peterana*	bridal dais
pereman	civilian	*peti*	box
perempuan	woman	*petir*	thunderclap
perenggan	boundary	*petola*	loofah
pergam	imperial pigeon	*petua*	precept
		pial	cocks comb
pergi	go	*picis*	cash
perhati	observe	*picit*	pinch
perigi	well	*pihak*	side
periksa	examine	*picu*	trigger
peringkat	storey	*pijak*	tread on
perintah	rule	*pijat-pijat*	bed bug
periuk	saucepan	*pikul*	carry
periuk api	mine	*pilih*	pick
perisai	shield	*pinang*	areca nut
perkakas	tools	*pincang*	lame
perkara	affair	*pindah*	move
perkutut	ground dove	*pinggan*	dish
perlahan	slow	*pinggang*	waist
perlu	necessary	*pinggir*	edge
permaidani	carpet	*pinjam*	borrow
permaisuri	queen	*pintal*	twist
permata	gem	*pintar*	clever
permatang	rise	*pintas*	cut across
permisi	permision	*pintu*	door
pernah	ever	*pipih*	flat
persegi	sided	*pipi*	cheek
pertama	first	*pipit*	sparrow
perum	plummet	*piring*	saucer
perut	stomach	*pisang*	banana
pesam	lukewarm	*pisau*	knife
pesan	order	*pisau wali*	stiletto
pesisir	seashore	*pita*	ribbon
peta	plan	*pitam*	dizzy
petak	hold	*peon*	peon
petang	afternoon	*pohon*	tree
petas	crackers	*pokoa*	croupier

pokok	tree
polis	police
pompa	pump
pompang	set seine
pondok	hut
pongkes	flat basket
poni	tin mug
ponteng	bilk
potong	cut
puak	troop
puas	satisfied
puasa	fast
pucat	pale
pucuk	leaf shoot
pucuk rebung	herring bone
pudina	mint
puding	croton
puji	praise
pujuk	flatter
pukat	seine
puki	pudendum
pukul	hit
pukul besi	hammer, shoe horses
pukul dua	two o'clock
pukul rata	average
pula	also
pulang	go back
pulas	twist
pulasan	hairy fruit
pulau	island
puluh	tens
pulut	glutinous rice
pun	even
punai	green pigeon
punggah	unload
punggung	buttocks
pungkur	posterior
pungut	collect
puntung	fag end
punya	owning
pupuk	plaster
pura-pura	pretend
puru	yaws
pusaka	heirloom
pusar	whorl
pusat	navel
pusing	revolve
putar	twist
putera	prince
puteri	princess
putih	white
putih mata	ashamed
putik	shank
puting	shank
puting beliung	tornado
puting susu	nipple
putus	snap
puyuh	quail

Q

Quran	Koran

R

raba	feel
Rabu	Wednesday
racik	snare
racun	poison
raden	prince
raga	creel
ragi	yeast, design
ragum	vice

rahang	jaw
rahsia	secret
raja	king
raja muda	crown prince
raja udang	kingfisher
rajin	industrious
rajut	knit
rakit	raft
raksa	mercury
rakus	greedy
rakyat	people
rama-rama	butterfly
Ramadan	fasting month
ramah	familiar
ramai	crowded
ramas	knead
rambut	hair
rambutan	hairy fruit
rampai	mixed
rampas	rob, seize
ranggi	showry
ranggung	paternoster
rangka	skeleton
rangkak	crawl
ranjang	bedstead
ransum	rations
rantai	chain
rantau	reach
ranting	twig
rapat	close
ras	reins
rasa	feel
rasau	rafter
rasuk	beam
rasul	apostle
rata	level
rata-rata	everywhere
ratah	eat viands
ratus	hundred
rawa	nutmeg pigeon
raya	great
rayap	crawl, termite
reban	fawlhouse
rebana	tambourine
rebung	bamboo shoot
rebus	boil
rebut	snatch
relung	orlong
rempah	spices
renda	lace
rendah	low
rendam	soak
rendang	fry
rengkung	gullet
renjis	sprinkle
reput	crumbling
resam	bracken
retak	crack
retin	diamonds
rezeki	sustenance
riang-riang	cicada
riba	lap
ribu	thousand
ribu-ribu	smilax
ribut	storm
rimba	forest
rindu	pine
ringan	light
ringkas	abbreviate
rintik	speckled
rintis	trace
roboh	collapse
roda	wheel
rojak	vegetable salad

rokok	cigarette	*saderi*	celery
roman	romanised	*sado*	pony cart
rompak	piracy	*sadur*	plated
rona	colour	*sagu*	sago
rongga	hollow	*sagu hati*	present
ronggeng	dance	*sagur*	dug out
rosak	spoilt	*sahabat*	friend
rotan	rattan	*sahaja*	only
roti	bread	*sahut*	respond
roti canai	chuppati	*Sabtu*	Saturday
roti manis	bun	*sais*	groom
ru	casuarina	*saiyid*	syed
rugi	loss	*saja*	only
rumah	house	*sajak*	smart
rumah hantu/ syaitan	haunted house	*saji*	dish up
		sakit	sick
rumah pasung	police station	*sakit hati*	grudge
rumah sakit	hospital	*sakit mangga*	bubo
rumbia	sago palm	*saksi*	witness
rumi	romanised	*saku*	pocket
rumput	grass	*salah*	wrong
runding	discuss	*salah urat*	sprain
rupa	appearance	*salin*	change
rupiah	rupiah, rupee	*salur*	conduit
rusa	deer	*saluran*	guttering, canal
rusuk	flank		
		sama	same, to, with, together
S		*samak*	tan, persimmon
saat	second	*sambal*	side dish
saban	every	*sambar*	swoop
sabar	patience	*sambung*	join on
sabit	sickle	*sambut*	receive
sabung	cockfight	*sami*	bonze
sabun	soap	*sampah*	rubbish
sabut	coir	*sampai*	arrive, until
sadar	conscious	*sampan*	shoe boat

samseng	bully
samsu	rice spririt
samun	rob
sana	there
sandar	lean
sangat	very
sanggul	hair style
sanggup	undertake
sangka	imagine
sangkar	cage
sangkut	caught up
sangau	provisions
santan	coconut cream
sapi	ox
sapu	broom, sweep
sapu tangan	handkerchief
sarang	nest
saring	laden
sarung	waistcloth, sheath
sarung kaki	socks
sasar	dazed
sasaran	target
sat	ace
sate	cabobs
satu	one
saudagar	merchant
saudara	relatives
sauh	anchor, sapodilla
sauk	scoop
sauku	whip
sawa	sapodilla
sawah	ricefield
sawan	convulsions
sawi-sawi	mustard plant
saya	I

sayang	affection
sayap	wing
sayur	vegetable
sebab	because
sebelah	side
sebentar	a moment
seberang	opposite
sebut	mention
sedak	hiccup
sedang	medium, during, while
sedap	nice
sedar	conscious
sedawa	belch
sedekah	alms
sedia	ready
sedikit	little
sedut	sniff up
segan	reluctant
segar	fit, well
segi	side
sehelai	piece, sheet
sejak	since
sejuk	cold
sekali	most, very, once
sekalian	all
sekam	chaff
sekarang	now
sekawan	herd, flock
sekejap	a moment
sekoci	boat
sekolah	school
sekolah gambar	museum
sekopong	spades
sekutu	associate
sela	saddle

selada	salad
seladang	bison
selak	latch, pull aside
selalu	always
selam	dive
selamat	piece, safe
selang	alternate
selaput	film
selar	brand
Selasa	Tuesday
selasih	basil
selat	strait
selatan	south
selendang	scarf
selesai	settle
selimut	coverlet
selisih	disagree
selit	stick in
selesema	head cold
selukan	drain
seluar	trousers
selumbar	sliver
selut	mud, padlock
semai	seed plot
semak	undergrowth
semalam	yesterday
semambu	Malacca cane
semangat	soul
semangka	watermelon
sembah	homage
sembahyang	worship, pray
sembelih	slaughter
sembelit	constipation
sembilan	nine
sembilang	catfish
sembuh	recover
sembunyi	hide
sembur	spit, spray
semenanjung	peninsula
semenjak	since
sementara	whilst
sempadan	boundary
sempat	manage
sempit	narrow
sempurna	perfect
semua	all
semut	ant
sen	cent
sena	senna
senang	ease
senangin	thread fin
senapang	gun
senapang patah	breech loader
sendal	wedge in
sendawa	saltpetre
sendi	joint
sendiri	self
senduk	spoon
sengaja	on purpose
sengal	twinge
sengat	sting
senget	slanting
senjakala	twilight
senjata	weapon
senonoh	proper
sense	herbalist
sentak	jerk
sentuh	knock against
senyap	fall silent
senyum	smile
sepah	quid
sepah	scattered
sepak	kick aside
sepak raga	basket/kick

	ball
separuh	half
sepasang	a pair
sepatu	shoe
sepeda	bicycle
seperti	like, as
sepit	nip
sepuh	gloss
sepuluh	ten
sepupu	cousin
serah	hand over
serai	lemon grass
serak	hoarse
seram	goose flesh
serambi	verandah
serampang	trident
serang	bosun; attack
serap	absorb
serasi	suit
serban	turban
serbat	sherbet
serbuk	powder
serdadu	soldier
serik	cured of
seret	drag
seri	charm, drawn
seriau	on edge
serikaya	custard apple
sering	often
serong	oblique
seronok	jolly
serunai	clarinet
sesah	whip
sesak	packed
sesal	regret
sesat	astray
sesawi	mustard plan
setan	satan
setanggi	incense
setengah	half
seterika	flat iron
setia	loyal
setubuh	coition
setuju	agree
sewa	rent
si	the
sia-sia	in vain
sial	ill starred
siang	daylight, clean fish
siap	ready
siapa	who
siasat	enquire
sibuk	busy
sidai	hang out
sihat	health
sikat	comb, brush
sikit	little
siku	elbow
siksa	torment
sila	please
silap	error
silat	fencing
simpai	band, hoop
simpan	keep
simpang	crossroads
simpul	knot
singa	lion
singgah	call at
singsing	roll up
sini	here
sinyo	European lad
siong	tusk
sipar	nought
sipir	cypher
siput	shell, whorl,

	bun
siram	sprinkle
sirih	betel leaf
sirip	fin
sisik	scale
sisir	comb
siti	lady
situ	there
siul	whistle
soal	question
sokong	prop
soldadu	soldier
sombong	arrogant
sompek	chipped
somsom	marrow
sondong	shrimp net
songkok	Malay cap
sopak	discoloured skin
sorak	cheer
sore	evening
sorong	push
sotong	cuttlefish
soun	vermicelli
suami	husband
suap	hand feed
suara	voice
suasa	gold alloy
subang	earstud
subuh	dawn
sudah	done
sudi	deign
sudip	egg slice
sudu	spocn
suji	semolina
suka	like
sukat	measure
suku	quarter
sukun	breadfruit
suling	flute
sulit	secluded
suluh	torch
sulong	eldest
sultan	sultan
sumbat	plug
sumbang	jagged
sumbu	wick
sumpah	oath, swear
sumpah-sumpah	chameleon
sumpitan	blowpipe
sumur	well
sunat	circumcise
sundal	whore
sundal malam	tuberose
sungai	river
sungguh	real
sungguhpun	although
sungkit	prise up
sungut	grumble
sunjam	dive down
suntik	inject
sunyi	deserted
supaya	so that
surat	letter
surau	chapel
suruh	order
surut	ebb
susah	difficult
susu	milk
susun	layer
sutera	silk
syabas	bravo
syahbandar	harbour master
syair	verse

syaitan	devil
syak	suspect
syarak	cannon law
syarikat	association
syekh	sheikh
syurga	heaven

T

tabik	greeting
tabir	curtain
tabur	strew
tadi	just now
tahan	prevent
tahi	excrement, addicted to
tahi arak	drunkard
tahi candu	opium addict
tahi lalat	mole
tahi lombong	tailings
tahi tembanga	virdigris
tahil	tael
tahu	know
tahun	year
taijin	honorific
taiko	leprosy
tairu	curds
tajal	weed cutter
tajam	sharp
tajin	starch
tak	not
tak pernah	never
takal	pulley
takat	up to
taksir	value
takut	fear
tala	padlock
talak	divorce
talam	tray
tali	string, rope humbug
tali barut	agent
tali hasil	winning tape
tali perambut	trace
tali perut	entrails
tamak	greedy
tambah	add on
tambak	bank up
tambang	ferry, fare
tambat	tether
tambi	messenger
tambur	drum
tambun	heap
tampal	paste on
tampar	slap
tampi	winnow
tampung	patch
tamu	guest
tan	stall
tanah	ground, earth
tanam	bury
tanam cacar	vaccinate
tanda	mark
tandak	jig
tandan	bunch
tandil	foreman
tanduk	horn
tandu	litter
tang	pliers
tangan	hand
tangga	step, ladder
tanggal	fall of, date

tangguh	postpone	*tebuan*	hornet
tanggung	responsible	*tebus*	redeem
tangis	weep	*teduh*	shelter
tangkai	stalk	*tegak*	upright
tangkal	charm	*tegang*	taut
tangkap	catch	*teguh*	firm
tangki	tank	*teh*	tea
tangkul	lift net	*teka*	guess
tanglong	paper lantern	*tekateki*	riddle
tangsi	gut, barrack	*tekak*	palate
tani	peasant	*tekan*	press down
tanjung	cape	*tekat*	embroider
tanya	ask	*teko*	teapot
tapai	yeast	*tekong*	steersman
tapak	sole	*tekukur*	ground dove
tapak catur	chessboard	*teladan*	example
tapi	but	*telaga*	well
tapis	filter	*telan*	swallow
tarbus	fez	*telanjang*	naked
tarik	draw	*telentang*	supine
tari	dance	*telinga*	ear
taring	tusk	*teluk*	bay
taruh	put	*telunjuk*	forefinger
tasik	lake	*telor*	lisp
taubat	forswear	*telur*	eggs
taucang	queue	*tembaga*	brass
tauge	beansprout	*tembaga merah*	copper
tauhu	beancurd		
tauke	towkey	*tembaga putih*	pewter
tawan	captive	*tembak*	shoot
tawar	bargain	*tembakau*	tabacco
tawas	alum	*tembel*	stye
tebal	thick	*tembelang*	addled
tebang	fell	*temberang*	stays, brag
tebas	slash	*tembok*	wall
tebing	bank	*tembus*	perforated
tebuk	bore, drill	*tempang*	lame
tebu	sugar cane	*tempat*	place

tempat tidur	bed		downwards
tempayan	jar	*terang*	clear
tempel	stick on	*terasi*	prawn paste
tempeleng	box ears	*terbakar*	burnt
tempoh	time	*terbalik*	overturned
tempoh-tempoh	at times	*terbang*	fly
		terbit	emerge
tempurung	coconut shell	*terendak*	conical hat
temu	meet	*teriak*	call out
temucut	lovegrass	*terigu*	wheat flour
tenang	calm	*terima*	receive
tenda	tent	*terima kasih*	thanks
tendang	kick	*teripang*	seaslug
tengah	middle	*terjun*	leap down
tenggala	plough	*terkam*	rush at
tenggara	south east	*terkejut*	startled
tenggek	perch	*terlalu*	surpassingly
tenggelam	sink	*terlampau*	excessively
tenggiri	mackerel	*terlangsung*	overshoot
tengkar	argue	*terompah*	clogs
tengkat	tier	*teropong*	telescope
tengking	snarl	*terpal*	tarpaulin
tengkolok	kerchief	*terperanjat*	alarmed
tengku	prince	*tertawa*	laugh
tengku ampuan	sultana	*terubuk*	shad
		teruk	severe
tengkuk	nape	*terung*	egg plant
tengok	look	*terus*	straight on
tentang	opposite	*terusan*	canal
tentera	army	*terwelu*	rabbit
tentu	certain	*tetap*	firm
tenun	weave	*tetapi*	but
tepak	sireh set	*tetas*	rip open
tepi	edge	*tetek*	breast
tepuk	clap	*teyan*	subscribe
tepung	flour	*tiang*	mast
terajang	kick	*tiap-tiap*	each

tiarap prone
tidak no
tidur sleep
tiga three
tikam stab
tikar mat
tikus rat, mouse
tikus belanda guinea pig
tikus turi musk shrew
tilam mattress
tilik peer at
timah tin
timah hitam lead
timah putih white metal
timah sari zinc
timba dipper
timbang weigh
timbul float
timbun heap
timbus fill ini
timpa fall on
timpas low tide
timun cucumber
timur east
tinggal remain
tinggi high, tall
tinggung squat
tingkap window
tingkat tier
tinta ink
tipu cheat
tirai curtain
tiram oyster
tiri step relative
tiris leak
tiruk snipe
tiru copy
tisik darn
titah command
titik drop
titi bridge
tiung mynah
tiup blow
tok grandfather
tohor shallow
tokek gecko
toko shop
tokok add on
tokong temple
tol rowlock
tolak push
tolong help
tombak pike
tong tub
tongkang lighter
tongkat walking stick
topeng mask
topi helmet
toreh incise
toti toty
totok real
tua old
tuah luck
tuai harvest knife
tuak toddy
tuala towel
tuam poultice
tuan master
tuang pour
tuanku my. lord
tuba derris root
tubuh body
tuduh accuse
tudung cover, lid
tuhan lord
tuju aim

tujuh	seven
tukang	artisan
tukang air	rouseabout
tukang kayu	carpenter
tukar	change
tukul	hammer
tulang	bone
tulang kering	shin
tulen	genuine
tuli	deaf
tulis	write
tumbang	crash
tumbuh	sprout
tumbuk	pound
tumbuk lada	dagger
tumis	saute
tumpah	spill
tumpang	lodge
tumpul	blunt
tunai	cash
tunang	betroth
tunas	sprout
tunda	tow
tunduk	bow
tunggang	ride
tunggu	wait
tunggul	stump
tunjuk	show
tuntut	pursue
tupai	squirrel
turun	descend
turut	follow
tut	graft
tutup	close

U

ubah	alter
uban	grey hair
ubat	medicine
ubat bedil	gunpowder
ubat guna	love potion
ubi	tuber, potato
ubi kayu	topioca
ubi kentang	potato
ubin	granite
ubur-ubur	jellyfish
udang	prawn
udang galah	crayfish
udik	upstream
ukir	carve
ukur	measure
ulam	salad
ular	snake
ular danu	rainbow
ular sawa	python
ular tedung	cobra
ulat	grub, worm
umur	age
umpan	bait
undang-undang	law
undi	lot
undur	retreat
ungka	gibbon
ungu	purple
unta	camel
untuk	share
untung	profit
upah	fee
upas	messenger
upaya	means

upih	spathe
urat	muscle, vein
urut	massage
usah	mind
usaha	industrious
usik	tease
usir	chase
usung	litter
utara	north
uzur	unwell

W

wajan	frying pan
wak	gaffer
wak-wak	gibbon
wakaf	religious bequest
wakil	agent
waktu	time
wali	guardian
wang	money
wangi	fragrant
wap	steam
warangan	arsenic
waringin	banyan
warna	colour
warung	booth
wasiat	will
watas	bund
wau	kite
wayang	theatre
wayang gambar	pictures
wayang gelap	cinema
wayang kuda	circus
wayang kulit	shadow play
wedana	headman

Y

ya	yes
yamtuan	ruler
yang	that which
yu	shark

Z

zaman	epoch
zamrud	emerald

ENGLISH – MALAY GLOSARY

A

a	*satu*
able	*boleh*
about	*lebih kurang*
above	*atas*
abscess	*barah*
abuse	*maki*
accent	*pelat*
accept	*terima*
accident	*kemalangan*
account	*kira-kira*
accurate	*betul*
accursed	*celaka*
accuse	*tuduh*
accustomed	*biasa*
ace	*satu*
ache	*sakit*
acid	*asam*
acid, an	*air api*
acquainted	*kenal*
across	*lintang*
across (over)	*seberang*
add	*jumlah*
add on	*tambah*
address	*alamat*
advance	*maju*
advance (cash)	*belanja*
advice	*nasihat*
aerodrome	*padang kapal terbang*
aeroplane	*kapal terbang*
affair	*hal*
affection	*sayang*
afraid	*takut*
after	*habis*
afternoon	*petang, sore*
afterwards	*kemudian*
again	*lagi*
age	*umur*
agent	*wakil*
agony	*seksa*
agree	*setuju*
agreement	*janji*
ahead	*depan*
aid	*tolong*
aim	*tuju*
air	*angin*
air, to	*jemur*
alcohol	*arak*
alight	*turun*
alike	*serupa*

alive	*hidup*	apologise	*minta ampun*
all	*semua*	apparently	*rupanya*
allot	*bagi*	appeal	*merayu*
allow	*biar*	appear	*nampak*
almond	*badam*	appearance	*rupa*
almost	*dekat*	appetite	*nafsu*
alms	*sedekah*	apple	*epal*
alone	*seorang*	approve	*benarkan*
already	*sudah*	approximately	*kira-kira*
also	*juga*	areca nut	*pinang*
alter	*ubah*	argue	*bertengkar*
alternate	*selang*	arm	*lengan*
although	*sungguhpun*	arm (fore)	*tangan*
altogether	*sekali*	arms	*senjata*
always	*selalu*	army	*tentera*
ammunition	*ubat*	around	*keliling*
among	*di tengah*	arrange	*atur*
amuck	*amuk*	arrest	*tangkap*
amused	*geli*	arrive	*sampai*
amusement	*permainan*	artery	*urat darah*
anchor	*sauh*	article	*barang*
anchor, to	*labuh*	artisan	*tukang*
anchorage	*pelabuhan*	as (like)	*seperti*
and	*dan*	ascend	*naik*
angel	*malaikat*	ash	*abu*
angry	*marah*	ashamed	*malu*
animal	*binatang*	ask	*tanya*
ankle	*mata kaki*	ask for	*minta*
anklets	*gelang kaki*	assist	*bantu*
annoy	*usik*	astonished	*hairan*
another	*lain*	astray	*sesat*
answer	*jawab*	at	*pada*
ant	*semut*	at (place)	*di*
ant (white)	*anai-anai*	attack	*langgar*
anxious	*bimbang*	attempt	*cuba*
anything	*sebarang*	auction	*lelong*
apart	*asing*	aunt	*emak*
aperient	*julap*		*saudara,*

	makcik
author	*pengarang*
authority	*kuasa*
awake	*jaga*
aware	*sedar*
awning	*kajang*
axe	*kapak*

B

baby	*anak kecil, bayi*
bachelor	*bujang*
back	*belakang*
bad	*jahat*
bad (rotten)	*busuk*
bag	*saku, beg*
baggage	*barang*
bail	*jamin*
bait	*umpan*
bake	*bakar*
balcony	*beranda*
bald	*botak*
bale	*timba*
ball	*bola*
balloon	*belon*
bamboo	*bambu*
banana	*pisang*
bandage	*balut*
banish	*buang negeri*
bank	*tebing, bank*
bankrupt	*bankrap*
barb	*duri*
bargain	*tawar*
barge	*tongkang*
bark	*kulit*
bark, to	*menyalak*
barley	*beras belanda*
barrel	*tong*
base	*alas*
basin	*mangkuk*
basket	*bakul*
bat	*kelawar*
bath	*tempat mandi*
bathe	*mandi*
battle	*perang*
bay	*teluk*
bazaar	*pasar*
be	*ada*
beach	*pantai*
beads	*manik*
beak	*paruh*
beam	*balak*
bean	*kacang*
bean (french)	*kacang boncis*
bear	*tahan*
bear, a	*beruang*
beard	*janggut*
beast	*binatang*
beat	*pukul*
beat (defeat)	*kalah*
beautiful	*elok*
because	*kerana*
beckon	*gamit*
become	*jadi*
bed	*tempat tidur*
bedstead	*katil*
bee	*lebah*
beef	*daging lembu*
before	*depan*
before (ere)	*sebelum*
beg	*minta*
beggar	*bangsat*
begin	*mulai*
beginning	*mula-mula*

behaviour	*kelakuan*
behind	*belakang*
belch	*sedawa*
believe	*percaya*
bell	*loceng*
belong to	*punya*
below	*bawah*
belt	*tali pinggang*
bench	*bangku*
bend	*lentur*
bend (stoop)	*bongkok*
beneath	*di bawah*
bent	*bengkok*
bet	*bertaruh*
betel-leaf	*sirih*
betel-nut	*pinang*
betrothed	*tunang*
between	*antara*
beware	*jaga*
bicycle	*basikal*
bid	*tawar*
big	*besar*
bill	*surat hutang*
bill (account)	*kira-kira*
billiards	*meja bola*
bind	*ikat*
bird	*burung*
birth, by	*peranakan*
birthday	*hari jadi, hari lahir*
biscuit	*biskut*
bit	*keping*
bit (bridle)	*lagam, kang/ kekang (J)*
bite	*gigit*
bitter	*pahit*
black	*hitam*
blacking	*belakin*
blade	*mata*
blanket	*selimut*
blind	*buta*
blind, a	*bidai*
bleed	*keluar darah*
blood	*darah*
blossom	*bunga*
blotting-paper	*kertas kembang*
blow, a	*pukul*
blue	*biru*
blunt	*tumpul*
board	*papan*
boast	*cakap besar*
boat	*sampan*
boatswain	*serang*
body	*badan*
boil	*rebus*
boil, a	*bisul*
boiler	*periuk, dandang*
boiling	*mendidih*
bold	*berani*
bolster	*bantal panjang*
bolt	*kancing*
bomb	*bom*
bone	*tulang*
book	*buku*
book (religious)	*kitab*
boot	*kasut*
bootlace	*tali kasut*
border	*perenggan*
border (edge)	*tepi*
bore	*korek*
born	*lahir*
borrow	*pinjam*

both	*dua-dua*	bride	*pengantin perempuan*
bottle	*botol*	bride (groom)	*pengantin lelaki*
bottom	*bawah*	bridge	*jambatan*
bottom (base)	*pantat*	bridge (plank)	*titi*
bough	*dahan*	bridle	*tali kang, kekang*
boundary	*sempadan*	bright	*terang*
bow	*tunduk*	bring	*bawa*
bow (ship's)	*luan, haluan*	bring (up)	*bela*
bowl	*mangkuk*	brinjal	*terung*
box	*peti*	broad	*lebar*
boxing	*kuntau*	broker	*broker*
boy	*budak*	brooch	*kerongsang*
boy (servant)	*boy, jongos*	broom	*penyapu*
bracelet	*gelang*	broth	*bubur*
braces	*tali seluar*	brother	*abang*
brain	*otak*	brother (younger)	*adik*
brake	*brek*	brown	*hitam manis*
bran	*dedak*	bruise	*lebam*
branch	*dahan*	brush	*berus, sikat*
branch	*cabang*	brush, to	*sapu*
brand	*cap*	bubbles	*mendidih*
brand to	*selar*	bucket	*baldi, ember*
brass	*tembaga, kuningan*	buckle	*kancing*
brave	*berani*	bud	*kuntum*
bread	*roti*	bud, to	*tunas*
breadth	*lebar*	buffalo	*kerbau*
break	*pecah*	bug	*kutu*
break (in two)	*patah*	bug (bed)	*pijat*
break (sever)	*putus*	bugle	*trompet*
breakfast	*makan pagi*	build	*ikat*
breast	*buah dada*	bullet	*peluru*
breath	*nafas*	bun	*roti manis*
breathe	*tarik nafas*	bundle	*bungkus*
breed	*bangsa*	bump, a	*bengkak*
breeze	*angin*		
bribe	*makan suap*		
brick	*bata*		

buoy	*bairup*
burn	*bakar*
burn, a	*celur*
burnt	*hangus*
bury	*tanam*
bush	*pokok*
business	*kerja*
busy	*sibuk*
busy (engaged)	*ada kerja*
but	*tetapi*
butter	*mentega*
buttock	*punggung*
busy (engaged)	*ada kerja*
button	*butang, kancing*
buy	*beli*
by	*oleh*

C

cabbage	*kubis*
cabin	*kurung, kabin*
cage	*sangkar*
cake	*kuih*
calculate	*kira*
calf (leg)	*betis*
call	*panggil*
call out	*teriak*
call at	*singgah*
calm	*tenang*
camera	*peti gambar, kamera, kodak*
camphor	*kapur barus*
can	*boleh, bisa (I)*
canal	*terusan*
candle	*lilin*
cane	*rotan*
cannon	*meriam*
canoe	*kolek*
canoe (dug-out)	*jalur*
canvas	*kain layar*
cap	*kopiah*
cap (Malay)	*songkok*
cape	*tanjung*
capital	*ibu negeri*
capital (money)	*modal*
caponise	*kembiri*
captain	*kapten*
carcase	*bangkai*
card	*kad*
card (playing)	*daun pakau*
care	*peduli*
care (take)	*jaga, hati-hati, awas*
careful	*cermat*
cargo	*muatan*
carpenter	*tukang kayu*
carpet	*permaidani*
carriage	*kereta*
carry	*bawa*
carry (shoulder)	*pikul*
carry (on yoke)	*kandar*
cart	*kereta*
cartridge	*peluru*
carve	*ukir*
case (court)	*bicara*
case	*kes*
cash	*duit*

cash (ready)	*wang tunai*	cheese	*keju*
cashier	*tukang wang, kasir*	chemise	*simis*
		chemist	*tukang ubat*
cask	*tong*	cheroot	*cerut*
castor oil	*minyak jarak*	chess	*catur*
cat	*kucing*	chest	*dada*
catch	*tangkap*	chest (box)	*peti*
caterpillar	*ulat*	cheque	*cek*
cattle	*lembu*	chew	*mamah*
cause	*sebab*	chicken	*ayam*
cave	*gua*	chickenpox	*cacar*
ceiling	*siling*	child	*anak*
celery	*saderi*	chilli	*cabai*
cement	*simen*	chimney	*corong, cimni*
cemetery	*tanah kubur*	chin	*dagu*
cent	*sen*	chisel	*pahat*
centipede	*lipan*	chloroform	*ubat bius*
centre	*tengah*	chocolate	*coklat*
certain	*tentu*	choke	*cekik*
chain	*rantai*	choose	*pilih*
chair	*kerusi*	chopper	*parang*
chalk	*kapur*	chopstick	*penyepit*
chance	*peluang*	Christ	*Isa*
change	*tukar*	Christian	*Kristian*
change (alter)	*ubah*	church	*gereja*
change (clothes)	*salin*	chutney	*catni*
		cigar	*sigar*
channel	*alur*	cigarette	*rokok*
charcoal	*arang*	cinema	*wayang gambar, bioskop*
chart	*peta, kar*		
charm, a	*tangkal*		
chase	*kejar*	cinnamon	*kayu manis*
chase out	*halau*	circular	*bulat*
chatter	*bising*	circumcise	*sunat, khatan*
cheap	*murah*	circumstances	*hal*
cheat	*tipu*	city	*bandar*
cheek	*pipi*	civet cat	*musang*
cheer	*sorak*	civilian	*pereman*

class	*kelas*
class (kind)	*jenis*
clause	*pasal*
claw	*kuku*
clay	*tanah liat*
clean	*bersih*
clean, to	*cuci*
clear	*terang*
clear (limpid)	*jernih*
cleave	*belah*
clergyman	*paderi*
clerk	*kerani*
clever	*pandai*
climate	*hawa*
climate (air)	*angin*
climb	*naik*
climb (scale)	*panjat*
clock	*jam*
clogs	*terompah*
close	*dekat*
close (along)	*rapat*
close, to	*tutup*
cloth	*kain*
clothes	*pakaian*
cloud	*awan*
club	*kelab*
coachman	*sais, kosir*
coal	*arang batu*
coarse	*kasar*
coast	*pantai*
coat	*baju*
coax	*pujuk*
cobra	*ular tedung*
cobweb	*sarang labah-labah*
cockatoo	*kakaktua*
coconut	*kelapa*
coffee	*kopi*

coffin	*long*
coir	*sabut*
cold	*sejuk, dingin*
cold, a	*selesema*
collar	*kolar*
collar (coat)	*leher*
collect	*kumpul*
collide	*langgar*
colour	*warna*
comb	*sikat, sisir*
combine	*pakat*
come	*datang*
come (hither)	*mari*
come (across)	*jumpa*
come (back)	*balik*
come (return)	*kembali*
come (in)	*masuk*
come (down)	*turun*
come (out)	*keluar*
command, a	*hukum*
commencement	*awal*
commission	*komisen*
committee	*komiti (jawatan kuasa)*
commode	*jamban*
companion	*kawan*
company	*Kompeni (syarikat)*
company (troop)	*pasukan*
compare	*banding*
compass	*pedoman, kompas*
compel	*paksa*
compete	*lawan*
complain	*mengadu*

complete	*cukup*	copy	*tiru*
compose	*karang*	copy (out)	*salin*
conceited	*sombong*	coral	*karang*
condiments	*sambal*	cork	*sumbat*
conduct	*kelakuan*	corn	*jagung*
confess	*mengaku*	corner	*ceruk*
confiscate	*rampas*	corner (angle)	*penjuru*
confuse	*kacau*	corner (bend)	*siku*
confusion	*kelam-kabut*	corpse	*mayat*
congeal	*beku*	correct	*betul*
conjuring	*silap mata*	cost	*harga*
connect	*sambung*	cotton	*kapas*
conquer	*alahkan*	cotton (tree)	*kabu-kabu*
conscious	*sedar*	cotton (thread)	*benang*
conscript	*kerah*	couch	*kaus, bangku*
console	*hibur*	count	*hitung*
constipation	*sembelit*	count (reckon)	*kira*
constrict	*cerut*	conterfeit	*palsu*
consul	*konsul*	country	*negeri*
consumption	*batuk kering*	court	*mahkamah*
contact	*kena*	cousin	*sepupu*
content	*puas*	cover	*tutup*
content (deign)	*sudi*	coverlet	*selimut*
contents	*isi*	cow	*lembu*
contest	*lawan*	coward	*penakut*
contract	*kontrak*	crab	*ketam, kepiting*
conversation	*cakap*	crackers	*mercun*
cook	*tukang masak, kuki*	cram	*asah*
cook, to	*masak*	crawl	*rangkak*
cool	*sejuk*	cream	*kepala susu*
coolie	*kuli*	crease	*kedut*
coolie (labourer)	*buruh*	creep	*rayap*
copper	*tembaga merah*	creese	*keris*
copra	*kelapa kering*	criminal	*orang salah*
		crisp	*garing*

crockery	*pinggan-mangkuk*
crocodile	*buaya*
crooked	*bengkok*
cross, to	*lintas*
cross legged	*bersila*
crossroad	*simpang*
crowd	*orang ramai*
crowded	*ramai (penuh sesak)*
crown	*mahkota*
cruel	*bengis*
crush	*hancur*
crust	*kulit*
crutches	*tongkat ketiak*
cry	*menangis*
cucumber	*timun*
cunning	*cerdik*
cup	*mangkuk*
cup (tea)	*cawan*
cupboard	*almari*
cure	*ubatkan*
cured	*sembuh*
cured (well)	*baik*
currant	*kismis*
current	*arus*
current (valid)	*laku*
curry	*kari*
curry, to	*gulai*
curtain	*kain jendela, langsir*
curtain (window)	*tirai*
cushion	*bantal*
custom	*adat*
customs	*kastam, duan*
customs (dues)	*cukai*
cut, a	*luka*
cut, to	*potong*
cut (down)	*tebang*
cuttlefish	*sotong*

D

dagger	*keris*
daily	*hari-hari*
dam	*empang*
damage	*rusak*
damage (loss)	*rugi*
damp	*lempap*
dance	*menari*
dancing girl	*perempuan joget*
danger	*bahaya*
dare	*berani*
dark	*gelap*
darling	*buah hati*
darn	*jerumat*
date	*haribulan, tanggal*
daugther (in law)	*menantu perempuan*
daughter (of)	*binti*
day	*hari*
day (after to morrow)	*lusa*
daytime	*siang*
dead	*mati*
deaf	*pekak*
dear	*mahal*
debt	*hutang*
decayed	*buruk*
deck	*dek*
decorate	*hias*

deduct	*potong*
deep	*dalam*
deer	*rusa*
default	*adukan*
defeat	*kalah*
defecate	*berak*
defect	*cacat*
deficient	*kurang*
definite	*tetap*
delay	*lengah*
delicate	*halus*
delicious	*sedap, enak*
demand	*minta*
demand (in)	*laku*
demon	*jin*
depart	*bertolak*
dense	*lebat*
descend	*turun*
desert	*padang pasir*
desert, to	*lari*
desert (to enemy)	*belot*
desire	*hajat*
desire (carnal)	*nafsu*
desk	*meja tulis*
destroy	*binasa*
destroyed	*jahanam*
detain	*tahan*
detective	*mata-mata gelap*
devil	*syaitan,setan*
dew	*embun*
diamond	*intan, berlian*
diarrhoea	*ceret*
dice	*dadu*
dictionary	*kamus*
die	*mati*
different	*lain*
difficult	*susah*
dig	*gali*
digest	*hancur, hazam*
dine	*makan*
dinner	*makan malam*
dipper	*timba*
direct	*terus*
direction	*arah*
dirt	*sampah*
dirt (bodily)	*daki*
dirty	*kotor*
disappear	*hilang*
discover	*dapat tahu*
discuss	*bicara*
disease	*penyakit*
dish	*pinggan*
disinfectant	*air busuk*
dismiss	*buang*
dismount	*turun*
disobey	*bantah*
disposition	*perangai*
distance	*jauh*
district	*jajahan*
disturb	*kacau*
disturbance	*gaduh, ribut*
ditch	*parit*
dive	*selam*
dive (down)	*junam*
divide	*bagi*
divorce	*cerai*
dizzy	*pening*
do	*bikin*
do (serve)	*jadi*
dock	*dok*
doctor	*doktor*
doctor (herbal)	*dukun*

dog	*anjing*
doll	*patung*
dollar	*ringgit*
done	*sudah*
donkey	*keldai*
don't	*jangan*
door	*pintu*
dot	*titik*
doubt	*syak*
dove	*burung dara*
dove (ground)	*tekukur*
dove (turtle)	*merbuk*
downstairs	*bawah*
dozen	*dozen*
drag	*hela*
dragon	*naga*
drain	*longkang*
draw	*tulis*
draw (pull)	*tarik*
drawer	*laci*
drawers	*seluar dalam*
drawing	*gambar*
drawn (game)	*seri*
dream	*mimpi*
dregs	*tahi*
dress, to	*pakai*
dress (clothes)	*pakaian*
drift	*hanyut*
drill	*baris*
drink	*minum*
drip	*menitik*
dripping	*minyak sapi*
drive	*bawa*
drive (away)	*halau, usir*
driver	*drebar, sopir*
drop	*jatuh*
drop, a	*titik*
drought	*kemarau*
drown	*mati lemas*
drug	*ubat*
drum	*tambur*
drunk	*mabuk*
dry	*kering*
dry (in sun)	*jemur*
duck	*itik, bebek*
dumb	*bisu*
dung	*tahi*
during	*dalam*
dust	*habuk*
duty (tax)	*cukai*
dwell	*duduk*
dye	*celup*
dysentery	*berak darah*

E

each	*masing-masing*
eagle	*helang*
ear	*telinga, cuping*
early	*pagi-pagi*
ear ring	*anting-anting*
ear stud	*subang*
earn	*dapat*
earth	*bumi*
earth (soil)	*tanah*
earthquake	*gempa*
ease	*senang*
ease (oneself)	*buang air*
east	*timur*
easy	*senang, mudah*
eat	*makan*
eaves	*cucur atap*

ebb	*surut*
ebony	*kayu arang*
eclipse	*gerhana*
economical	*jimat*
editor	*pengarang*
edge	*tepi*
education	*pelajaran*
eel	*belut*
egg	*telur*
egg (plant)	*terung*
either	*atau*
elbow	*siku*
elder	*ketua*
elephant	*gajah*
else	*lain*
embankment	*batas*
embark	*naik kapal*
embers	*bara*
embrace	*peluk*
embroider	*tekat*
emetic	*ubat muntah*
empire	*kerajaan*
employ	*pakai*
employee	*orang gaji*
employment	*kerja*
empty	*kosong*
enclosure	*kandang*
end	*habis*
end (point)	*hujung*
endure	*tahan*
enemy	*musuh*
engaged	*bertunang*
engine	*enjin*
enjoy	*suka*
enough	*cukup*
enter	*masuk*
entertain	*jamu*
entrails	*tali perut*
envelope	*sarung surat*
equal	*sama*
erect	*tegak*
erect, to	*dirikan*
erotic	*gatal*
error	*silap*
escape	*lepas*
escort	*hantar*
estate	*kebun*
estuary	*kuala, muara*
Eurasian	*serani, indo*
European	*orang putih*
even	*genap*
even (also)	*pun*
even (flat)	*rata*
evening	*malam*
ever	*pernah*
every	*tiap-tiap*
evidence	*saksi*
evident	*terang*
examine	*periksa*
example	*teladan/ contoh*
exceedingly	*terlampau*
excellent	*bagus*
excepting	*melainkan*
exchange	*tukar*
excuse	*maaf*
exercise	*latih*
exercise (stretch)	*senam*
exist	*ada*
expand	*kembang*
expect	*fikir*
expedition	*angkatan*
expel	*buang*
expense	*belanja*
expensive	*mahal*

experience	*pengalaman*
explain	*menerang-kan/menjelas-kan*
explode	*meletup*
extinguish	*padam*
extra	*lebih*
extremely	*terlalu*
eye	*mata*
eyebrow	*kening*

F

face	*muka*
face (upward)	*telentang*
face (down)	*tiarap*
fade	*layu*
faint	*pengsan*
fair	*patut*
faithful	*setia*
fall	*jatuh*
false	*palsu*
family	*keluarga*
famous	*masyhur*
fan	*kipas*
far	*jauh*
fare	*tambang*
farm	*ladang*
farm, to	*pajak*
fast	*lekas*
fasten	*ikat*
fasting	*puasa*
fat	*gemuk*
fat (grease)	*lemak*
fate	*nasib*
father	*bapa*
father (in law)	*bapa mertua*
fathom	*depa*
fathom, to	*duga*
fault	*salah*
fear	*takut*
feast	*makan besar*
feast (religious)	*kenduri, selamatan*
feather	*bulu*
fee	*upah*
feel	*rasa*
feel (grope)	*raba*
female	*perempuan/betina*
fence	*pagar*
fern	*paku, pakis*
ferry	*tambang*
festival	*hari raya*
fetch	*ambil*
fever	*demam*
few	*sedikit*
fez	*tarbus*
field	*padang, lapangan*
fierce	*garang*
fight	*berkelahi*
fig tree	*ara*
file	*kikir*
fill	*isi*
filter	*tapis, saring*
fin	*sirip*
find	*dapat*
fine, a	*denda*
fine (good)	*bagus*
fine (delicate)	*halus*
finger	*jari*
finish	*habis*
finish (off)	*selesai*
fire	*api*

fire, to	*tembak*	flood (tide)	*air pasang*
fire (afire)	*terbakar*	floor	*lantai*
fire engine	*bomba, pompa*	flour	*tepung*
		flow	*alir*
fireplace	*dapur*	flower	*bunga, kembang*
firework	*bunga api*		
firm	*tetap*	fly	*lalat, laler*
firm, a	*kongsi*	fly, to	*terbang*
first	*pertama*	flying fox	*keluang*
first (at)	*mula-mula*	foam	*buih*
fish	*ikan*	fog	*kabus*
fish, to	*pancing*	fold	*lipat*
fish (hook)	*mata kail*	follow	*ikut*
fish (trap)	*kelong*	fond	*suka*
fisherman	*pengail*	food	*makanan*
fit, to	*kena*	fool	*bodoh*
fit (well)	*segar*	foot	*kaki*
fit (epilepsy)	*sawan*	for	*bagi, buat*
fitting	*patut*	forbit	*larang*
fix	*pasang*	forbidden	*haram*
fixed	*tetap*	force	*paksa*
flag	*bendera*	forefinger	*telunjuk*
flank	*rusuk*	forehead	*dahi*
flannel	*kain kapas*	foreigner	*orang dagang*
flare	*nyala*	foreman	*mandur*
flat	*rata*	forest	*hutan*
flat (thin)	*pipih*	forest (virgin)	*rimba*
flatter	*pujuk*	forget	*lupa*
flaw	*cacat*	forgive	*ampun*
flea	*kutu*	fork	*garpu*
flee	*lari*	fork (tree)	*cabang*
flesh	*daging*	form	*rupa*
fling	*hempas*	formerly	*dahulu*
flint	*batu api*	fort	*kota*
float, a	*pelampung*	fortunate	*untung*
float (up)	*timbul*	forward	*depan*
flock, a	*sekawan*	foundation	*alas*
flood	*bah, banjir*	fowl	*ayam*

fragrant	*wangi*
frame	*rangka*
freckle	*tahi lalat*
free	*lepas*
free (hand)	*bebas*
free (liberty)	*merdeka*
frequently	*kerap*
fresh	*baru*
fresh (water)	*air tawar*
Friday	*Jumaat*
friend	*kawan, sahabat*
frightened	*takut*
frog	*katak, kodok*
from	*dari*
front	*depan*
front (in)	*di muka*
froth	*buih*
frozen	*beku*
fry	*goreng*
frying pan	*kuali*
full	*penuh*
full (replete)	*kenyang*
fun	*main-main*
funnel	*corong*
fur	*bulu*
furnace	*dapur*
furniture	*perkakas rumah*
furrow	*alur*
fuse	*sumbu*

G

gain	*untung*
gale	*ribut*
gallon	*gelen*
gambier	*gambir*
gambling	*main judi*
game	*permainan*
gaol	*penjara*
garden	*kebun*
gargle	*kumur*
garlic	*bawang putih*
gas	*gas*
gate	*pintu*
gather	*himpun*
gather (pluck)	*petik*
gay	*ramai*
gaze	*pandang*
gem	*permata*
genitals	*kemaluan*
gentle	*lembut*
gently	*perlahan*
get	*dapat*
get (fetch)	*ambil*
get (up)	*bangun*
ghost	*hantu*
giddy	*pening*
gift	*pemberian*
gill	*insang*
gilt	*sadur*
gimlet	*pengorek*
ginger	*halia, jahe*
girl	*budak perempuan*
give	*kasi, beri*
give (back)	*kasi balik*
glass	*kaca*
glass (tumbler)	*gelas*
glass (mirror)	*cermin*
glasses	*cermin mata, kaca mata*
glasses (field)	*teropong*
glove	*sarung tangan*

glow	*cahaya*	grape	*anggur*
go	*pergi*	grass	*rumput*
go (back)	*balik*	grass (coarse)	*lalang*
go (by)	*lalu*	grasshopper	*belalang*
go (down)	*turun*	grater	*parut*
go (home)	*pulang*	grave	*kubur*
go (in)	*masuk*	gravel	*kelikir*
go (out)	*keluar*	gravy	*kuah*
go (up)	*naik*	grease	*minyak, gemuk*
go (motion)	*jalan*		
goal	*gol*	great	*besar*
goat	*kambing*	green	*hijau*
God	*tuhan*	greet	*tegur*
godown	*gudang*	greetings	*tabik*
gold	*emas*	grey	*kelabu*
gold leaf	*daun emas*	grief	*susah hati*
gong	*gong*	grind	*giling*
good	*baik*	grind (whet)	*asah*
good bye	*selamat tinggal*	grip	*pegang*
		groom	*sais*
good (fare-well)	*selamat jalan*	ground	*tanah*
		grow	*tumbuh*
goods	*barang*	grub	*ulat*
goose	*angsa*	grudge	*sakit hati*
gospel	*injil*	gruel	*kanji*
gossip	*bual*	grumble	*sungut*
gourd	*labu*	guarantee	*jamin*
government	*pemerintah*	guard	*jaga*
govenor	*gabenor*	guava	*jambu biji*
grain, a	*biji*	guess	*agak*
gramophone	*peti nyanyi*	guide	*bawa, hantar*
gramophone (record)	*piring hitam*	guilty	*salah*
		guinea pig	*tikus belanda*
grandchild	*cucu*	gulf	*teluk*
grandfather	*datuk*	gum	*pelekat*
grandmother	*nenek*	gums	*gusi*
granite	*batu ubin*	gun	*senapang*
grant	*geran*	gun (cannon)	*meriam*

gunnybag	*guni*
gunpowder	*ubat bedil*
gut	*tangsi*
gutter	*longkang, selukan*
guttering	*saluran*

H

habit	*adat*
hair	*bulu*
hair (of head)	*rambut*
hair (of dressing)	*sanggul, konde*
hair pin	*cucuk sanggul*
half	*setengah, separuh*
hall	*balai*
halve	*bagi dua*
ham	*hem*
hammer	*martil*
hammock	*buaian*
hand	*tangan*
hand (over)	*serah*
handcuff	*pasung*
handful	*segenggam*
handkerchief	*sapu tangan*
handle	*batang*
handle (hook)	*sangkut*
happen	*jadi*
happy	*suka hati*
hard	*keras*
hard (difficult)	*susah*
harm	*rosak*
harness	*pakaian kuda*
harrow	*sisir*
harvest, to	*ketam*

haste	*gopoh*
hat	*topi*
hatch	*menetas*
hatch (ship's)	*palkah*
hatchet	*parang*
hate	*benci*
have	*ada*
hawk	*helang*
haze	*asap*
he	*dia*
head	*kepala*
head (man)	*penghulu*
head (land)	*tanjung*
head (waters)	*hulu*
heal	*sembuh*
health	*sihat*
heap	*longgok*
hear	*dengar*
heart	*hati*
heat	*panas*
heaven	*syurga*
heaven (sky)	*langit*
heavy	*berat*
hedge	*pagar*
heed	*peduli*
heel	*tumit*
height	*tinggi*
hell	*neraka*
helmet	*topi*
help	*tolong*
hem	*kelim*
hen	*ayam betina*
henna	*inai*
her	*dia*
here	*sini*
hibiscus	*bunga raya*
hide	*kulit*
hide, to	*sembunyi*

high	*tinggi*
high (tide)	*pasang penuh*
hill	*bukit*
hindquarters	*pantat*
hinge	*engsel*
hire	*sewa*
hit	*pukul*
hit (contact)	*kena*
hoarse	*garau*
hoe	*cangkul, pacul*
hoist	*naikkan*
hold	*pegang*
hold (ship's)	*petak*
hole	*lubang*
holiday	*hari kelepasan*
holiday (leave)	*cuti, libur (I)*
hollow	*kosong*
home	*rumah*
homage	*sembah*
honey	*madu*
honour, to	*hormat*
honour (title)	*mulia*
hood	*tudung*
hoof	*kuku*
hook	*kait*
hook, a	*gancu*
hooligan	*samseng*
hoop	*gelang*
hop	*loncat*
hope	*harap*
horizon	*kaki langit*
horn	*tanduk*
horse	*kuda*
hospital	*hospital, rumah sakit*
host	*tuan rumah*
hot	*panas*
hot (pungent)	*pedas*
hotel	*hotel*
hour	*jam*
house	*rumah*
house (hold)	*isi rumah*
how	*bagaimana*
how (much)	*berapa*
how (many)	*berapa banyak*
hug	*peluk*
human	*manusia*
humble	*hina*
hungry	*lapar*
hunt	*buru*
hurl	*lempar*
hurry	*cepat*
hurt	*sakit*
hurt (wound)	*luka*
husband	*suami*
hush	*diam*
husky	*serak*
hut	*pondok*
hydrant	*pancur*

I

I	*saya*
ice	*air batu*
ice (cream)	*aiskrim*
idea	*sangka*
identify	*cam*
idiom	*bidalan/ kiasan*
idiot	*gila*
idle	*malas*
idol	*berhala*

if	*kalau*
ill	*sakit*
illicit	*gelap*
imitate	*tiru*
immediately	*serta-merta*
impertinent	*kurang ajar*
implements	*alat*
important	*penting*
important (weighty)	*berat*
in	*pada*
in (place)	*di*
in (side)	*dalam*
incantation	*jampi*
inch	*inci*
incite	*hasut*
income	*pendapatan*
increase	*tambah*
incur	*kena*
indecent	*carut*
indigo	*nila*
industrious	*rajin*
infectious	*jangkit*
inferior	*kurang baik*
infirm	*uzur*
inform	*beritahu*
information	*khabar*
inhabit	*tinggal*
injury	*luka*
injustice	*aniaya*
ink	*dakwat*
innocent	*tak salah*
inoculate	*cungkil*
insect	*serangga*
inspect	*periksa*
instead	*ganti*
instruct	*ajar*
instruments	*perkakas*
intelligence	*akal*
intend	*hendak*
intention	*maksud*
intentionally	*sengaja*
interest	*tertarik hati*
interest (money)	*wang bunga*
interfere	*ganggu*
interpret	*menerangkan*
interpreter	*jurubahasa*
interrupt	*mencelah/menyampuk*
intervals	*selang*
intestines	*tali perut*
introduce	*mengenalkan*
intoxicated	*mabuk*
invade	*langgar*
in vain	*cuma*
invite	*ajak*
iron	*besi*
iron (flat)	*seterika*
iron (galvanised)	*ayan*
irony	*sindir*
island	*pulau*
it	*dia*
it (of it)	*nya*
itch	*kudis*
itchy	*gatal*
item	*pasal*
ivory	*gading*

J

jack fruit	*nangka*
jail	*jel*
jam	*jem*

jar	*tempayan*
jasmine	*melur, melati*
jaw	*rahang*
jealous	*cemburu*
jelly	*jeli*
jelly (sea weed)	*agar-agar*
jelly (fish)	*ubur-ubur*
jerk	*sentak*
jetty	*jeti*
jewel	*permata*
jeweller	*tukang emas*
jewellery	*barang emas*
job	*kerja*
jockey	*joki*
join	*sambung*
join (add on)	*hubung*
joint	*sendi*
journey	*perjalanan*
joy	*suka*
judge	*hakim*
judgement	*hukum*
jug	*jag*
juice	*air*
jump	*lompat*
jungle	*hutan*
jury	*juri*
just	*adil*
just (now)	*tadi*

K

keel	*lunas*
keep	*simpan*
keep (tend)	*bela*
kerosene	*minyak tanah*
ketchup	*kicap*
kettle	*cerek*
key	*kunci*
kick	*tendang*
kidney	*buah pinggang*
kill	*bunuh*
kind	*macam*
kind (species)	*bangsa*
kindness	*budi*
king	*raja*
kingdom	*kerajaan*
kiss	*cium*
kitchen	*dapur*
kite	*layang*
kite (paper)	*layang-layang*
knead	*adun*
knee	*lutut*
kneel	*berlutut*
knife	*pisau*
knock	*ketuk*
knot	*simpul*
know	*tahu*
know (a person)	*kenal*
knowledge	*pengetahuan*
knuckle	*buku jari*

L

labour	*kerja*
labourer	*kuli/buruh*
lace	*renda*
lad	*budak*
ladder	*tangga*
ladle	*senduk*
ladle, to	*mencedok*
lady	*wanita, nyonya (I)*

lake	*tasik*
lame	*tempang*
lamp	*lampu*
lamp (shade)	*terendak*
lance, to	*cucuk*
land	*darat*
landing	*pangkalan*
landing (stage)	*bagan*
lane	*lorong*
language	*bahasa*
lantern	*lantera*
lantern (Chinese)	*tanglung*
lap	*riba*
lap, to	*jilat*
lard	*minyak babi*
large	*besar*
lascivious	*gatal*
last	*penghabis*
last (night)	*semalam*
last (past)	*lalu*
last (endure)	*tahan*
late	*lambat*
lately	*baru*
latex	*getah*
latrine	*jamban*
lattice	*kisi-kisi*
laugh	*tertawa*
laundry	*rumah dobi*
lavatory	*bilik air*
law (rules)	*undang-undang*
lawful	*halal*
lawn	*padang*
lawyer	*peguam*
laxative	*julap*
lay	*letak*
lay (eggs)	*bertelur*
layer	*lapis*
lazy	*malas*
lead	*pimpin*
lead (the way)	*bawa jalan*
lead (metal)	*timah*
leaf	*daun*
leak	*bocor*
lean, to	*sandar*
lean (thin)	*kurus*
lean (tilt)	*condong*
leap	*lompat*
leap (down)	*terjun*
learn	*belajar*
learning	*pelajaran*
leather	*kulit*
leave	*cuti*
leave (vacation)	*pre (I)*
leave (behind)	*tinggal*
leech	*pacat*
leeward	*bawah angin*
left	*kiri*
leg	*kaki*
leisure	*senang*
lemon	*limau*
lend	*pinjam*
length	*panjang*
leprosy	*kusta*
less	*kurang*
lesson	*pelajaran*
let	*sewa*
let (allow)	*biar*
let (go)	*lepas*
letter	*surat*
letter (symbol)	*huruf*
level	*rata*

liar	*pembohong*
licence	*lesen*
lick	*jilat*
lie	*bohong*
lie (down)	*baring*
life	*nyawa*
lift, to	*angkat*
light	*ringan*
light, a	*api*
light, to	*pasang*
light (clear)	*terang*
light (colour)	*muda*
lighter	*tongkang*
lighthouse	*rumah api*
lightning	*kilat*
like	*suka*
like (same)	*sama*
like (as)	*macam*
like (wise)	*juga*
limb	*anggota*
lime	*kapur*
lime (citrus)	*limau, jeruk (I)*
limit	*perenggan*
line	*baris*
linen	*kain putih*
linger	*lengah*
lining	*alas*
link	*kancing*
lion	*singa*
lip	*bibir*
list	*daftar*
listen	*dengar*
litter	*sampah*
littered	*bersepah*
little	*sedikit*
little (small)	*kecil*
live	*hidup*
live (stay)	*tinggal*
liver	*hati*
lizard	*cicak*
load	*muat*
lobe	*cuping*
lobster	*udang galah*
lock	*kunci*
locker	*loker*
locust	*belalang*
lodge	*tumpang*
log	*batang kayu*
lonely	*sunyi*
long	*panjang*
long (time)	*lama*
look (for)	*ingin*
look	*tengok*
look (after)	*jaga*
look (for)	*cari*
looks	*rupa*
looking-glass	*cermin*
loose	*longgar*
loot	*rampas*
lose	*hilang*
lose (defeat)	*kalah*
loss	*rugi*
lot	*untuk*
lot (portion)	*habuan*
lot (a die)	*undi*
lottery	*loteri*
louse	*kutu*
love	*kasih*
love (grass)	*kemuncup*
lovely	*elok*
lover	*cinta*
low	*rendah*
low (tide)	*timpas*
lower, to	*turunkan*
loyal	*setia*

luck	*untung*
lucky	*bertuah*
luggage	*barang-barang*
lukewarm	*suam*
lump	*buku*
lunatic	*orang gila*
lunch	*makan tengah hari*
lung	*paru-paru*

M

machine	*mesin*
mackerel	*tenggiri*
mackintosh	*baju hujan*
mad	*gila*
magic	*ilmu ghaib*
magistrate	*majistret*
maggot	*ulat*
magnet	*besi berani*
maiden	*anak dara, perawan (I)*
mail	*mel*
main	*raya*
maize	*jagung*
make	*buat*
malaria	*demam kura*
male	*lelaki/jantan*
man	*orang*
man (male)	*lelaki*
manage	*urus*
manage (time)	*sempat*
mango	*mangga*
mangosteen	*manggis*
mangrove	*bakau*
mankind	*manusia*
manner	*cara*
manure	*baja*
many	*banyak*
map	*peta*
marble	*marmar*
march, to	*berjalan*
mark	*tanda*
market	*pasar*
marriage	*kahwin*
married (of woman)	*bersuami*
married (of man)	*beristeri*
marrow	*otak, tulang, sumsum*
marrow (gourd)	*labu*
marry	*nikah*
mask	*topeng*
mason	*tukang batu*
massage	*urut*
massage (pinch)	*picit*
mast	*tiang*
master	*tuan*
mat	*tikar*
mat (awning)	*kajang*
match	*korek api*
match, to	*kena*
match, a	*padan*
match (game)	*lawan*
matches	*mancis*
matted	*kusut*
matter	*perkara*
matter (pus)	*nanah*
mattress	*tilam, kasur (I)*
meaning	*makna*

means	*daya*
measles	*campak*
measure	*ukur*
measure (cubic)	*sukat*
meat	*daging*
mechanic	*tukang*
medal	*bintang*
meddle	*usik*
medicine	*ubat*
medicine (man)	*pawang*
medium	*sedang*
meet	*jumpa*
meet (contact)	*temu*
melt	*hancur*
memory	*ingatan*
mend	*betulkan*
mend (sew)	*jahit*
menses	*datang bulan/ haid*
mention	*sebut*
merchandise	*dagangan*
merchant	*saudagar*
mercury	*raksa*
mercy	*belas*
mercy (pity)	*kasihan*
method	*peraturan*
mew	*mengiau*
middle	*tengah*
midwife	*bidan*
mildew	*lapuk*
mile	*batu*
milk	*susu*
milk, to	*perah susu*
mill	*kilang, giling-an (I)*

million	*juta*
mimic	*ajuk*
mince	*cincang*
mind	*hati*
mind (heed)	*peduli*
mine	*lombong, tambang (I)*
mine (in war)	*periuk api*
minister	*menteri*
minister (religious)	*paderi*
minute	*minit*
mirror	*cermin*
miscarry	*gugur anak*
miserable	*susah hati*
misfire	*tidak meletup*
miss	*tidak kena*
miss (lady)	*cik, nona (I)*
mist	*kabut*
mistake	*silap*
mix	*campur*
moan	*mengerang*
model	*contoh*
moment	*sekejap, sebentar (I)*
moment (ago)	*tadi*
Monday	*Isnin*
money	*wang*
money (cents)	*duit*
monkey	*monyet*
monopoly	*pajak*
month	*bulan*
moon	*bulan*
moon (full)	*bulan terang*
moonlight	*terang bulan*
moonshee	*munsyi*
more	*lagi*
more (plus)	*lebih*

morning	*pagi*
morning (early)	*pagi-pagi*
mortar	*lesung*
mortgage	*gadai*
mosque	*masjid*
mosquito	*nyamuk*
mosquito (larva)	*jentik-jentik*
mosquito (net)	*kelambu*
moss	*lumut*
most	*sekali, paling (I)*
mother	*emak*
mother (in law)	*emak mertua*
mother (dam)	*ibu*
motor car	*motokar*
motor car (auto)	*oto (I)*
mould, a	*acuan*
mouldy	*berlapuk*
mount	*naik*
mountain	*gunung*
mouse	*tikus*
mouse (deer)	*pelanduk*
moustache	*misai, kumis (I)*
mouth	*mulut*
mouthful, a	*sesuap*
move	
move	*gerak*
move (shift)	*alih*
move (house)	*pindah*
much	*banyak*
mucus (nose)	*hingus*
mud	*lumpur*
mud (guard)	*madgad*
Mr.	*Encik*
Mrs.	*Puan, nyonya (I)*
multiply	*darab*
muscle	*urat*
museum	*sekolah gambar*
mushroom	*cendawan*
music	*musik, bunyi-bunyian*
muslin	*kasa*
must	*mesti*
mustard (plant)	*sawi-sawi*
mutton	*daging kambing*

N

nail	*paku*
nail (claw)	*kuku*
naked	*telanjang*
name	*nama*
namely	*iaitu*
nape	*tengkuk*
napkin	*napkin*
napkin (baby's)	*lampin*
narrow	*sempit*
nature	*perangai*
naughty	*nakal*
navel	*pusat*
near	*dekat*
nearly	*hampir*
neat	*kemas*
necessary	*perlu*

neck	*leher*
neck (tie)	*tali leher*
needle	*jarum*
neglectful	*lalai*
nephew	*anak saudara lelaki, kemanak-an (I)*
nest	*sarang*
net	*jaring*
never	*tak pernah*
never (mind)	*tidak mengapa*
new	*baru*
news	*khabar*
news (paper)	*suratkhabar*
nib	*mata pen*
nice	*bagus, enak (I)*
niece	*anak saudara perempuan*
night	*malam*
nip	*sepit*
nipple	*puting susu*
no	*tidak, bukan*
noise	*bunyi*
noise (clatter)	*bising*
none	*tak ada*
nonsense	*karut*
noodles	*mi*
nook	*ceruk*
noon	*tengah hari*
noose	*jerat*
north	*utara*
nose	*hidung*
not	*tak*
not (yet)	*belum*
notch	*takuk*
note	*wang kertas*
note (letter)	*surat*
notice	*notis*
nought	*kosong, nul (I)*
now	*sekarang*
number	*nombor*
number (figure)	*angka*
nurse	*jururawat*
nurse (maid)	*babu (I)*
nutmeg	*buah pala*

O

oar	*dayung*
oath	*sumpah*
obey	*ikut*
obliged, to	*mesti*
oblique	*serong*
observe	*perhati*
obstacle	*aral*
obstinate	*degil*
obstruct	*sekat*
obtain	*dapat*
obvious	*nyata*
occasion	*masa*
ocassion (time)	*kali*
occasionally	*kadang-kadang*
occupation	*kerja*
occupied	*ada kerja*
occupied (busy)	*tak senang*
occupier	*tuan rumah*
occur	*jadi*
ocean	*lautan*

o'clock	*pukul*
odd	*ganjil*
offence	*kesalahan*
offer	*tawar*
office	*pejabat, kantor (I)*
office (boy)	*tambi*
office (messenger)	*opas (I)*
office (peon)	*peon*
officer	*pegawai*
officer (military)	*panglima*
often	*kerap*
oil	*minyak*
oil (palm)	*kelapa sawit*
old	*lama*
old (aged)	*tua*
olive oil	*minyak selada*
on	*di*
on (place)	*atas*
on (time)	*pada*
once	*sekali*
onion	*bawang*
only	*saja*
open	*buka*
open (expand)	*kembang*
opera (Malay)	*bangsawan*
opinion	*pendapat*
opium	*candu*
opponent	*lawan*
oppose	*melawan*
opposite	*berhadapan*
oppression	*aniaya*
or	*atau*
orange	*limau, jeruk (I)*
orchard	*dusun*
order	*hukum*
order, to	*suruh*
order (commission)	*pesan*
ordure	*tahi*
ore (tin)	*bijih*
organise	*aturkan*
origin	*asal*
ornament	*perhiasan*
other	*lain*
out	*luar*
out (side)	*di luar*
outing	*makan angin*
oval	*bujur*
oven	*oven*
over	*habis*
over (above)	*di atas*
over (left)	*lebih*
overcoat	*baju panas*
overseer	*mandur*
overturned	*terbalik*
owe	*hutang*
owl	*burung hantu*
own, to	*ada*
owner	*tuan*
ox	*lembu*
oyster	*tiram*

P

pace	*langkah*
pack	*kemas*
package	*bungkus*
pad	*lapik*
paddle	*kayuh*
paddle, a	*pengayuh*
paddy	*padi*

paddy (field)	*sawah*
padlock	*kunci mangga*
page	*muka*
page (face)	*sehelai*
pail	*baldi, ember (I)*
pain	*sakit*
paint	*cat*
paint, to	*sapu cat*
pair	*sepasang*
palace	*istana*
pale	*pucat*
pale (light)	*muda*
palm (the)	*tapak*
pan	*kuali*
pan (for ore)	*dulang*
panic	*gempar*
paper	*kertas*
parade	*baris*
paralysis	*kebas*
parcel	*bungkus*
pardon	*ampun*
parents	*ibu bapa*
parish	*mukim*
parrot	*nuri*
part	*bahagian*
partition	*dinding*
party	*pihak*
party (body)	*pasuk*
pass	*lulus*
pass, to	*lalu*
pass, a	*genting*
pass (water)	*kencing*
passage	*lorong*
passenger	*penumpang*
passion	*nafsu*
passion (fruit)	*buah susu, markisa (I)*
paste	*perekat*
paste (on)	*lekat*
pat	*tepuk*
patch	*tampal*
patience	*sabar*
pattern	*corak*
pattern (sample)	*contoh*
pavement	*kaki lima*
pavilion	*balai*
paw	*kaki*
pawn	*gadai*
pawn (shop)	*pajak gadai, rumah gadai-an (I)*
paw-paw	*pepaya*
pay	*gaji*
pay, to	*bayar*
pea	*kacang*
pea (nut)	*kacang goreng*
peace	*berdamai*
peace (full)	*aman*
peacock	*merak*
peak	*kemuncak*
pearl	*mutiara*
peasant	*rakyat*
peasant (villager)	*orang kampung*
peck	*patuk*
peel	*kulit*
peel, to	*kupas*
peep	*intai*
peg	*pasak*
pellet	*kacang-kacang*
pen	*pen, kalam*

penalty *hukum*
pencil *pensel*
penetrate *masuk*
penis *batang pelir*
penknife *pisau lipat*
people *orang*
pepper *lada*
perch *hinggap*
perfect *sempurna*
perforate *tembus*
perforated *berlubang*
perhaps *barangkali*
period *waktu*
perjury *makan sumpah*
permanent *tetap*
permission *izin, permisi (I)*
permit, to *biar*
persimmon *buah samak*
person *orang*
perspire *berpeluh*
pestle *antan*
phlegm *dahak*
photograph *gambar*
pick *petik*
pick (out) *pilih*
pick (up) *kutip*
pickle *acar*
picture *gambar*
piebald *belang*
piece *keping*
piece (sheet) *helai*
pier *jeti, jambatan (I)*
pierce *cucuk*
pig *babi*
pigeon *burung merpati, burung dara (I)*
pigeon (green) *burung punai*
pile *timbun*
pilgrim *haji*
pill *pil*
pillar *tiang*
pillow *bantal*
pillow (case) *sarung bantal*
pimp *baruah*
pimple *jerawat*
pin *pin, peniti*
pincers *kakaktua*
pincers (tongs) *penyepit*
pinch *cubit*
pineapple *nanas*
pious *alim*
pip *biji buah*
pipe *paip, pipa (I)*
pipe (water) *pancur*
pirate *perompak*
pistol *pistol*
pit *lubang*
pity *sayang*
pity (shame) *kasihan*
placard *pelekat*
place *tempat*
place, to *letak*
plague *hawar*
plain *padang, lapangan (I)*
plain (clear) *terang*
plait *pintal*
plan *pelan*
plane *ketam*
plank *papan*

plant	*pokok*
plant, to	*tanam*
plantation	*kebun*
plate	*pinggan,*
	piring (I)
plated	*sadur*
platform	*panggung/*
	pentas
play	*main*
pleasant	*sedap*
please	*sila*
pleased	*suka hati*
plenty	*banyak*
plough	*tenggala*
pluck	*petik*
pluck (out)	*cabut*
plug	*sumbat*
plunder	*rampas*
plus	*lebih*
pocket	*kocek,*
	saku (I)
pockmarked	*bopeng*
pods	*kacang*
poem	*syair*
point	*tunjuk*
point (end)	*hujung*
pointed	*tajam*
poison	*racun*
poisonous	*bisa*
pole	*batang kayu*
pole (flag)	*tiang*
pole (punt)	*galah*
police	*polis, polisi (I)*
police (man)	*mata-mata*
	upas polisi (I)
police (station)	*balai polis,*
	rumah
	pasung;
	kantor polisi (I)
polish	*gosok*
polite	*berbahasa*
pomfret	*bawal*
pond	*kolam*
ponder	*timbang*
poor	*miskin*
pop	*letup*
pork	*daging babi*
porridge	*bubur*
port	*pelabuhan*
port (sea)	*bandar*
portion	*bahagian*
portrait	*potret*
possess	*empunya*
possess (have)	*ada*
post	*pos*
post (pillar)	*tiang*
posterior	*pantat*
postpone	*tangguh*
pot	*periuk*
pot (clay)	*belanga*
pot (flower)	*pasu*
potato	*ubi, kentang (I)*
potato (sweet)	*keledek*
pouch	*saku*
poultice	*tuam*
poultry	*ayam-itik*
pound	*paun*
pound, to	*tumbuk*
pour	*tuang*
powder (fine)	*serbuk*
powder (face)	*bedak*
power	*kuasa*

praise	*puji*
prawn	*udang*
pray	*sembahyang*
prayer	*doa*
prefer	*lebih suka*
pregnant	*bunting/me-ngandung/ hamil*
prepare	*sedia*
present	*hadiah*
present (here)	*hadir*
presently	*sebentar*
president	*presiden*
press, to	*tekan*
pretend	*buat-buat*
pretty	*cantik*
prevent	*tahan*
previous	*dulu*
price	*harga*
prick	*cucuk*
priest	*paderi*
prince	*raja, putera*
princess	*puteri*
print	*cetak*
print (chop)	*cap*
private	*rahsia*
private (parts)	*kemaluan*
prison	*penjara*
prize	*hadiah*
procession	*berarak*
profit	*untung*
prohibit	*larang*
promise	*janji*
promotion	*naik pangkat*
prone	*tiarap*
pronounce	*bunyikan*
proof	*saksi*
prop	*tongkat*
prop, to	*sokong*
propeller	*kipas*
proper	*senonoh*
proper (fit)	*patut*
property	*harta*
prophet	*nabi*
prosecute	*dakwa*
prostitute	*sundal*
protect	*jaga*
proud	*sombong*
proverb	*bidal, pepatah*
province	*jajahan*
provisions	*bekal*
prow	*haluan*
public	*orang ramai*
pudding	*puding, kuih*
pull	*tarik*
pull (out)	*cabut*
pulley	*takal*
pulse	*nadi*
pumelo	*limau besar*
pump	*bomba*
pumpkin	*labu*
punkah	*pangkah*
punish	*hukumkan*
pupil	*murid*
pupil (eye)	*anak mata*
purchase	*beli*
purge	*julap*
purge, to	*cahar*
purpose	*maksud*
pus	*nanah*
push	*tolak*
put	*taruh*
put (down)	*letak*
put (away)	*simpan*
put (out)	*padam*
put (together)	*pasang*

putrid	*busuk*

Q

quarrel	*berkelahi*
quart	*cupak*
quarter	*suku, seperempat (I)*
quatrain	*pantun*
queen	*permaisuri*
query	*soal*
question, to	*tanya*
quick	*lekas*
quid	*sepah*
quid (pound)	*paun*
quite	*diam*
quite (lonely)	*sunyi*
quietly	*senyap-senyap*
quits	*seri*

R

rabbit	*kucing belanda, arnab, kelinci (I)*
race	*bangsa*
race, to	*lumba*
radish	*lobak*
raft	*rakit*
rafter	*kasau*
rag	*kain buruk, kain lap (I)*
rail	*rel*
rail (way)	*keretapi*
rain	*hujan*
rainbow	*pelangi*
raise	*angkat*
raise (erect)	*dirikan*
raisin	*kismis*
rake	*pencakar*
ram, to	*lantak*
rank	*pangkat*
rare	*jarang dapat*
rascal	*celaka*
rat	*tikus*
rattan	*rotan*
ravine	*gaung*
raw	*mentah*
ray	*ikan pari*
razor	*pisau cukur*
reach	*sampai*
read	*baca*
ready	*siap*
real	*benar*
real (proper)	*jati*
reap	*ketam*
rear	*belakang*
rear, to	*bela*
reason	*sebab*
reason (cause)	*pasal*
rebel	*derhaka*
receipt	*resit*
receipt (recipe)	*petua*
receive	*terima*
receive (people)	*sambut*
recent	*baru*
receptacle	*tempat*
reckon	*kira*
recognise	*cam, kenal*
recollect	*ingat*
recovered	*sembuh*

recovered (well)	*baik*
recur	*balik*
red	*merah*
redeem	*tebus*
reduce	*turun*
reef	*karang*
refined	*halus*
reflection	*bayang*
refuse	*sampah*
regret	*sesal*
regulations	*undang-undang*
reins	*ras*
reject	*tolak*
relatives	*saudara*
release	*lepas*
religion	*agama*
reluctant	*segan*
rely	*harap*
remain	*tinggal*
remainder	*baki*
remember	*ingat*
remind	*peringatan*
remove	*alih*
remove (house)	*pindah*
rent	*sewa*
repair	*betulkan*
repay	*bayar balik*
repay (requite)	*balas*
repent	*sesal*
replace	*ganti*
reply	*jawab*
report	*aduan*
report, to	*adukan*
report	*beritahu,*
(inform)	mengabarkan
reputation	*nama*
request	*minta*
require	*hendak*
rescue	*selamatkan*
reserve	*simpan*
reservoir	*kolam*
reside	*tinggal*
resin	*damar*
resist	*lawan*
respect	*hormat*
rest	*berhenti* *penat*
rest (lie down)	*baring*
rest (remainder)	*yang lebih*
resthouse	*rumah rehat, pasang gerahan (I)*
restless	*risau*
result	*jadi*
result (decision)	*keputusan*
retire	*berhenti kerja*
retreat	*undur*
return	*balik, kembali (I)*
return (home)	*pulang*
return (give back)	*kembalikan*
revenue	*hasil*
revolve	*pusing*
revolver	*pistol*
reward	*hadiah*
rheumatism	*sengal*
rhinoceros	*badak*
rhyme	*sajak*
ribbon	*pita*

rice	*padi*
rice (unhusked)	*beras*
rice (cooked)	*nasi*
rice (glutinous)	*pulut, ketan (I)*
ricefield	*sawah*
rich	*kaya*
rich (of food)	*lemak*
rich (of soil)	*gemuk*
ricksha	*beca*
riddle	*teka-teki*
ride	*tunggang*
right	*kanan*
right (correct)	*betul*
rim	*bibir*
ring	*cincin*
ring, to	*bunyi*
ringworm	*kurap*
riot	*gaduh, ribut (I)*
ripe	*masak*
rise	*bangkit*
rise (ascend)	*naik*
river	*sungai, kali (I)*
road	*jalan*
roast	*panggang*
rob	*samun*
rob (snatch)	*rampas*
robber	*penyamun*
rock	*batu*
rock, to	*ayun*
rock (of boat)	*golek*
rod	*kayu*
rod (fishing)	*joran*
roe	*telur ikan*
roll	*giling*
roll (up)	*gulung*
roll (tuck up)	*singsing*
roller	*penggiling*
rollers	*gelombang*
roof	*bumbung*
roof (thatch)	*atap*
room	*bilik, kamar (I)*
root	*akar*
rope	*tali*
rose	*ros/mawar*
rose (water)	*air mawar*
rough	*kasar*
rough (of sea)	*berombak*
round	*bulat*
round (around)	*keliling*
row, to	*berdayung*
row (line)	*baris*
row (tumult)	*gaduh*
rub	*gosok*
rubber	*getah*
rubbish	*sampah*
ruby	*delima*
rudder	*kemudi*
rude	*kasar*
rug	*kambeli*
rug (blanket)	*selimut*
rug (carpet)	*permaidani*
rule	*perintah*
ruler	*pembaris*
run	*lari*
rupee	*rupiah*
rust	*karat*
rut	*bekas roda*

S

sack	*guni*
sacred	*keramat*
sad	*susah hati*
saddle	*sela*
safe	*selamat*
safe (iron)	*peti besi*
saffron	*kunyit*
sago	*sagu*
sail	*layar*
sail, to	*belayar*
sailor	*kelasi, materos (I)*
saint (holy)	*keramat*
salad	*rojak, salad*
salad (oil)	*minyak selada*
salary	*gaji*
saliva	*air liur*
salt	*garam*
salt (water)	*air masin*
saltpetre	*sendawa*
salty	*masin, asin (I)*
salute	*tabik hormat*
same	*sama*
same (all the)	*juga*
sample	*contoh*
sand	*pasir*
sand (bank)	*beting*
sand (fly)	*agas*
sap	*getah*
sapodilla	*ciku*
sapphire	*nilam*
sarcasm	*sindir*
Satan	*setan*
satisfied	*puas*
Saturday	*Sabtu*
sauce	*sos, kuah*
saucepan	*periuk*
saucer	*piring*
savage	*garang*
save	*selamatkan*
save (keep)	*simpan*
saw	*gergaji*
saw (dust)	*habuk kayu*
say	*kata*
scab	*keruping*
scald	*celur*
scales	*timbangan*
scales (fish)	*sisik*
scar	*parut*
scarf	*selendang*
scatter	*tabur*
scent	*air wangi*
scent (smell)	*bau*
school	*sekolah*
school (master)	*guru*
science	*ilmu*
scissors	*gunting*
scissors (betel-nut)	*kacip*
scorpion	*kala jengking*
scrape	*kikis*
scrape (out)	*korek*
scratch	*garis*
scratch, to	*cakar*
scream	*pekik*
screen	*adang-adang*
screw	*skru*
screw (driver)	*pemutar skru*
screw (ship's)	*kipas*
scrub, to	*gosok*
scrub	*belukar*
scrub (under-	*semak*

growth)	
scurf	*kelemumur*
scythe	*pedang*
sea	*laut*
seal	*cap*
sealing wax	*lak*
seam	*jahitan*
seaman	*kelasi*
search	*cari*
season	*musim*
second (moment)	*saat*
secret	*rahsia*
secret (clandestine)	*gelap*
secretary	*setiausaha*
secretly	*sulit/tidak diketahui*
section	*pasal*
see	*lihat*
see (visible)	*nampak*
seed	*benih*
seed (plot)	*semai*
seed (pip)	*biji*
seek	*cari*
seize	*tangkap*
seldom	*jarang*
self	*sendiri*
sell	*jual*
send	*kirim*
sense	*waras*
sentence	*hukum*
separate	*asing*
separate (divorce)	*cerai*
servant	*orang gaji*
serviette	*napkin*
set (down)	*letak*

set (up)	*dirikan*
set (table)	*pasang meja*
settle	*selesai*
settled	*tetap*
severe	*teruk*
sew	*jahit*
shadow	*bayang*
shaft	*batang*
shaft (carrage)	*bom*
shake	*goyang*
shake (a cloth)	*kebas*
shall	*akan*
shall (presently)	*nanti*
shallow	*tohor*
sham	*palsu*
shame	*malu*
shame (pity)	*kasihan*
shape	*rupa*
share	*bagi*
share, a	*bahagian*
shark	*yu*
shark (maneating	*jerung*
sharp	*tajam*
sharpen	*asaḥ*
shave	*cukur*
shawl	*selendang*
she	*dia*
shears	*gunting*
sheath	*sarung*
shed	*bangsal*
sheep	*kambing biri-biri*
sheet	*cadar*
sheet (of	*sehelai*

paper)	
shelf	*para*
shelf (hanging)	*papan gantung*
shelf (standing)	*tingkat-tingkat*
shell	*kulit*
shell (fish)	*siput*
shelter	*teduh*
sherbet	*serbat*
shield	*perisai*
shift	*alih*
shin	*tulang kering*
shine	*kilat*
ship	*kapal*
shirt	*kemeja*
shoe	*kasut, sepatu (I)*
shoot	*tembak*
shoot (leaf)	*pucuk*
shoot (bud)	*tunas*
shop	*kedai*
shop (booth)	*warung (I)*
shore	*darat*
shore (sea)	*pantai*
short	*pendik*
shot	*penabur*
shot (pellets)	*kacang-kacang*
should	*patut*
should (ought)	*harus*
shoulder	*bahu*
shout	*teriak*
shove	*tolak*
show, to	*tunjuk*
show	*permainan*
shrink	*kecut*
shrine	*kubur*
shrine (miraculous)	*keramat*
shut	*tutup*
shy	*malu*
sick	*sakit*
sick (vomit)	*muntah*
sick (sea)	*mabuk laut*
sickle	*sabit*
side	*pihak*
side (edge)	*tepi*
side (towards)	*sebelah*
side (dish)	*sambal*
side (flank)	*rusuk*
sieve	*ayak*
sign	*tanda*
sign (board)	*papan nama*
sign (chop)	*cap*
signal	*alamat*
signature	*tandatangan*
silence	*diam*
silk	*sutera*
sill	*bendul*
silly	*bodoh*
silt	*tahi lombong*
silver	*perak*
silver (fish)	*gegat*
sin	*dosa*
since	*semenjak*
sinew	*urat*
sing	*nyanyi*
singe	*hangus*
single	*satu*
single (unmarried)	*bujang*
sink	*tenggelam*
sir	*tuan*
sister	*kakak*
sister (young-	*adik*

er)	*perempuan*
sit	*duduk*
size	*saiz*
sketch	*lukis*
skilful	*pandai*
skin	*kulit*
skirt	*sarung*
sky	*langit*
slack	*kendur*
slander	*fitnah*
slanting	*serong*
slap	*tampar*
slap (the ear)	*tempeleng*
slate	*papan batu*
slaughter	*potong*
slaughter (ritual)	*sembelih*
slave	*hamba*
sleep	*tidur*
sleepy	*mengantuk*
slice	*keping*
slip	*gelincir*
slip (out of)	*lucut*
slipper	*selipar*
slippery	*licin*
sloping	*condong*
slow	*lambat*
slowly	*perlahan*
sluice-box	*palung*
small	*kecil*
small-pox	*cacar*
smash	*pecah*
smear	*sapu*
smeared	*lumur*
smell	*bau*
smell, to	*cium*
smelt, to	*masak*
smile	*senyum,*

	mesem (I)
smoke	*asap*
smoke, to (suck)	*hisap*
smooth	*licin*
smother	*lemas*
snail	*siput*
snake	*ular*
snapper	*ikan merah*
snare	*jerat*
snatch	*rebut*
sneeze	*bersin*
sniff (up)	*sedut*
snipe	*berkek*
snore	*dengkur*
snout	*muncung*
snow	*salji*
so	*pula*
so (that)	*supaya*
so (and so)	*si anu*
soap	*sabun*
society	*kongsi*
socks	*sarung kaki, kaus kaki (I)*
soda	*soda*
soft	*lembut*
soft (pulpy)	*lembik*
soil	*tanah*
solder	*pateri*
soldier	*soldadu*
sole	*tapak*
sole (fish)	*ikan lidah*
solid	*berisi*
some	*sedikit*
some (about)	*barang*
sometimes	*kadang-kadang*
son	*anak lelaki*

son (in law)	*menantu lelaki*
song	*lagu/nyanyian*
soot	*celaga*
sorcerer	*pawang*
sore	*luka*
sore (smart)	*pedih*
sorrowful	*susah hati*
sorry	*kasihan*
sorry (pardon)	*minta maaf*
sort	*macam*
soul	*nyawa*
sound	*bunyi*
sound (fathom)	*duga*
sound (asleep)	*lena*
soup	*sop*
sour	*masam*
source	*asal*
soursop	*durian belanda*
south	*selatan*
sow	*tabur*
spacious	*luas*
spade	*penggali*
span	*jengkal*
spanner	*sepana*
spare	*lebih*
spark	*bunga api*
sparrow	*pipit*
spathe	*upih*
spatter	*percik*
speak	*cakap*
spear	*lembing*
speck	*titik/tanda*
speckled	*rintik-rintik*
spectacles	*cermin mata*
speech	*percakapan*
speed	*deras*
spell	*eja*
spend	*belanja*
spices	*rempah, bumbu (I)*
spider	*labah-labah*
spike	*paku*
spill	*tumpah*
spin	*pusing*
spin (thread)	*pintal*
spinach	*bayam*
spine	*tulang belakang*
spinster	*anak dara tua*
spirit	*hantu*
spirit (alcohol)	*arak*
spit	*ludah*
spite	*sakit hati*
spittoon	*ketur*
splash	*percik*
spleen	*limpa*
splendid	*elok*
split	*belah*
spoilt	*rosak*
spoke	*jari roda*
sponge	*sepan*
sponge (cake)	*baulu*
spoon	*sudu*
sport	*sukan*
spot	*tempat*
spot (dot)	*titik*
spout, to	*pancur*
spout (a)	*muncung*
sprain	*salah urat*
spread	*hampar*
spread (grow)	*jangkit*
spring, to	*lompat*

spring (water)	*mata air*
spring (season)	*musim bunga*
sprinkle	*siram*
sprout	*tumbuh*
squander	*boros*
squeeze	*perah*
stage	*panggung*
stairs	*tangga*
stake	*pancang*
stake (bet)	*bertaruh*
stale	*lama*
stale (musty)	*basi*
stammer	*gagap*
stamp	*setem*
stamp, to	*cap*
stand	*berdiri*
stand (place)	*tempat*
stand (bear)	*tahan*
star	*bintang*
starch	*kanji*
stare	*pandang*
start	*mulai*
startled	*terkejut*
state	*negeri*
station	*stesen*
statue	*gambar*
stay	*diam*
stay (wait)	*tunggu*
steady	*tetap*
steal	*curi*
steam	*wap*
steamer	*kapal api*
steel	*besi baja*
steelyard	*dacing*
steep	*curam*
steersman	*jurumudi*
stem	*batang*
stern	*buntut*
step	*anak tangga*
step (pace)	*langkah*
step (relationship)	*tiri*
stick	*tongkat*
stick, to	*lekat*
stiff	*kaku*
stiff (hard)	*keras*
still	*masih*
still (more)	*lagi*
still (quiet)	*sunyi*
sting	*sengat*
stink	*busuk*
stir	*kacau*
stir (move)	*gerak*
stockade	*kubu*
stocking	*stoking, sarung kaki*
stomach	*perut*
stone	*batu*
stool	*bangku*
stoop	*bongkok*
stop	*berhenti*
stop (at)	*singgah*
stop (full)	*titik/noktah*
stopper	*sumbat*
store, to	*simpan*
store (a)	*gudang*
storey	*tingkat*
storm	*ribut*
story	*cerita*
stout	*gemuk*
store	*dapur*
straight	*lurus*
straight (on)	*terus*
strain	*tapis*
strait	*selat*

strange	*ajaib*
strange (curious)	*pelik*
strangle	*cekik*
strap	*tali kulit*
straw	*rumput kering*
stray	*sesat*
stream	*anak sungai*
strength	*kuasa*
strict	*keras*
strike	*pukul*
strike (go on)	*mogok*
string	*tali*
stripe	*belang*
stroll	*jalan-jalan*
strong	*kuat*
strong (of drink)	*keras*
stubborn	*degil*
stud	*kancing*
study	*belajar*
student	*murid*
stuff, to	*isi*
stuff (in)	*asak*
stump	*tunggul*
stump (fag end)	*puntung*
stupid	*bodoh*
style	*cara*
submarine	*kapal selam*
subtract	*tolak*
succeed	*berjaya*
such (as)	*seperti*
suck	*hisap*
suddenly	*tiba-tiba*
sue	*dakwa*
suet	*minyak sapi*
sufficient	*cukup*
suffocate	*lemas*
sugar	*gula*
sugar (jaggery)	*gula melaka*
sugar-cane	*tebu*
suicide	*bunuh diri*
suit, a	*sepasang*
sulk	*merajuk*
summer	*musim panas*
summons	*saman*
sun	*matahari*
sun (dry)	*jemur*
Sunday	*Ahad*
sunrise (sun-up)	*matahari naik*
sunset (sundown)	*matahari turun*
suppose	*sangka*
suppose (think)	*fikir*
suppurate	*keluar nanah*
sure	*tentu*
surface	*permukaan*
surprised	*hairan*
surrender	*serah diri*
surround	*kepung*
survey	*ukur tanah*
swallow	*telan*
swamp	*paya*
sway	*ayun*
sway (of walk)	*lenggang*
swear	*maki*
swear (oath)	*sumpah*
sweat	*peluh, keringat (I)*
sweep	*sapu*
sweet	*manis*

sweet (heart)	*buah hati*	tame	*jinak*
sweet (meats)	*gula-gula*	tan, to	*samak*
swift	*laju*	tangled	*kusut*
swim	*berenang*	tank	*tangki*
swindle	*tipu*	tank (pond)	*kolam*
swing	*buai*	tap, to	*ketuk*
swollen	*bengkak*	tap (rubber)	*toreh*
stab	*tikam*	tap (water)	*pancur*
stable	*kandang*	tape	*pita*
sword	*pedang, kele-wang (I)*	tar	*minyak tar*
		target	*sasaran*
syringe	*bomba*	tarpaulin	*terpal*
syrup	*sirap, sete-rup (D)*	tassel	*jambul*
		taste	*rasa*
system	*aturan*	taste (less)	*tawar*
		taste (nice)	*sedap*
		tax	*cukai*
		tea	*teh*
T		tea (cup)	*cawan*
		tea (pot)	*teko*
table	*meja*	teach	*ajar*
taboo	*pantang*	teacher	*guru*
tack, to	*belok*	teaching	*pengajaran*
tail	*ekor*	teak	*jati*
tail (stern)	*buntut*	team	*pasukan*
tailings	*tahi lombong*	tear	*koyak*
tailor	*tukang jahit*	tears	*air mata*
tailor (Indian)	*derji*	tease	*usik*
take	*ambil*	teat	*puting susu*
take (away)	*bawa pergi*	telegram	*telegram*
take (hold)	*pegang*	telegram (wire)	*kawat*
take (off)	*buka*		
tale	*cerita*	telegraph	*telegraf*
talk	*cakap, omong (I)*	telephone	*telefon*
		telescope	*teropong*
tall	*tinggi*	tell	*bilang*
tamarind	*asam jawa*	tell (order)	*suruh*

temper	*perangai*
temporary	*sementara*
tender	*lembut*
tender (bid)	*tawar*
tent	*khemah*
testicles	*buah pelir*
than	*dari*
thanks	*terima kasih*
that	*itu*
that (which)	*yang*
thatch	*atap*
the	*si*
theatre	*wayang*
then	*pula*
then (next)	*kemudian*
then (only)	*baru*
then (that time)	*waktu itu*
there	*situ*
there (yonder)	*sana*
therefore	*sebab itu*
they	*dia*
thick	*tebal*
thick (dense)	*lebat*
thick (viscous)	*pekat*
thief	*pencuri*
thieve	*curi*
thigh	*paha*
thimble	*sarung jari*
thin	*nipis*
thin (lean)	*kurus*
thin (watery)	*cair*
thing	*barang*
think	*fikir*
thirsty	*haus*
this	*ini*
thorn	*duri*
though	*sungguhpun*

thought	*fikiran*
thought (suspect)	*sangka*
thread	*benang*
threaten	*mengancam/ mengugut*
throat	*kerongkong*
throat (neck)	*leher*
throb	*denyut*
throb (of heart)	*debar, debaran*
through (by)	*oleh*
throw	*lempar*
throw (away)	*buang*
thumb	*ibu jari, jempul (I)*
thunder	*guruh*
Thursday	*hari Khamis*
tick	*kutu*
ticket	*tiket*
tickle	*geletik*
ticklish	*geli*
tide	*air pasang*
tide (ebb)	*air surut*
tidy	*kemas*
tie	*ikat*
tie (neck)	*tali leher*
tie (drawn)	*seri*
tiger	*harimau*
tight	*ketat*
tile	*genting*
tile (floor)	*batu jubin*
till	*sampai*
tilted	*senget*
timber	*kayu*
time	*waktu*
time (period)	*tempoh*

time (age)	*zaman*
time (hour)	*jam*
time (o'clock)	*pukul*
time (occasion)	*kali*
time (manage)	*sempat*
tin	*tin*
tin (metal)	*timah*
tin (ore)	*bijih*
tip	*hujung*
tip (present)	*hadiah*
tired	*penat*
tired (of)	*jemu*
title	*gelar*
to	*sama, kepada*
toast	*roti panggang*
tobacco	*tembakau*
today	*hari ini*
toddy	*tuak*
toe	*jari kaki*
toe (big)	*ibu jari*
together	*sama*
tolls	*cukai, bea (I)*
tomb	*kubur*
tomorrow	*besok*
tone	*bunyi*
tongs	*penyepit*
tongue	*lidah*
tonight	*malam ini*
too	*terlampau*
too (also)	*juga*
tool	*perkakas*
tooth	*gigi*
tooth (pick)	*korek gigi*
top	*atas*
top (plaything)	*gasing*
torch	*damar*
torch (electric)	*lampu picit*
tortoise	*kura-kura*
torture	*siksa*
toss	*lambung*
total	*jumlah*
touch	*kena*
touch (feel)	*rasa*
tough	*liat*
tow	*tunda*
towards	*sebelah*
towel	*tuala*
town	*pekan, kota (I)*
toy	*permainan*
trade, to	*berniaga, perniagaan*
trader	*orang berdagang*
trader (merchant)	*saudagar*
tradesman	*orang kedai*
train	*keretapi*
train, to	*latih*
tram	*trem*
transfer	*tukar*
translate	*terjemah*
trap	*perangkap*
travel	*berjalan*
tray	*talam*
tray (wooden)	*dulang*
tread	*pijak*
treat	*jamu*
treaty	*perjanjian*
tree	*pokok, pohon (I)*
trellis	*kisi-kisi*
tremble	*geletar*

trench	*parit*
trestle	*kuda-kuda*
trial	*bicara*
tribe	*bangsa*
tribe (clan)	*suku*
trick	*daya*
trickle	*leleh*
troop	*pasukan*
trouble	*susah*
trough	*palung*
trousers	*seluar, celana (I)*
true	*benar*
trumpet	*terompet*
truncheon	*tongkat*
trunk	*peti*
trunk (elephant's)	*belalai*
trust	*percaya*
try	*cuba*
tub	*tong*
tube	*laras*
tuber	*ubi*
Tuesday	*hari Selasa*
tumbler	*gelas*
tune	*lagu*
turban	*serban*
turkey	*ayam belanda*
turn, to	*pusing*
turn (twist)	*putar*
turn (over)	*balikkan*
turn (in)	*bergilir*
turtle	*penyu*
tusk	*siung*
tusk (elephant's)	*gading*
twig	*ranting*
twin	*kembar*
twinkle	*berkelip*
twist	*putar*
type	*taip*

U

ugly	*buruk*
ulcer	*bisul*
ulcer (deep)	*barah*
umbrella	*payung*
umpire	*orang tengah*
uncle	*bapa saudara*
under	*bawah*
undergrowth	*semak*
underpants	*seluar dalam*
understand	*erti*
understand (fully)	*faham*
undertake	*sanggup*
undo	*buka*
undress	*buka kain*
unhappy	*susah hati*
uniform	*pakaian seragam*
unite	*satukan*
unlawful	*haram*
unless	*melainkan*
unload	*punggah*
unlucky	*celaka*
unripe	*muda*
until	*sampai*
unwell	*tak sedap badan/tak sihat*
up (to)	*hingga*
uproar	*gempar*
upset	*terbalik*

upstairs *atas*
upstream *hulu*
urine *kencing*
use, to *pakai*
use (ful) *guna*
use (up) *habis*
useless *tak guna*
useless (in vain) *sia-sia*
usually *biasa*

V

vacant *kosong*
vaccinate *menanam cacar*
vagrant *bangsat*
vain (in) *percuma*
valley *lembah*
valley (ravine) *gaung*
value, to *nilai*
van *van*
vanish *hilang*
vapour *wap*
varied *macam-macam*
variety *bangsa*
vegetables *sayur*
veil *tudung*
vein *urat darah*
velvet *baldu*
venereal disease *sakit perempuan*
venom *bisa*
verandah *beranda*
verandah (enclosed) *serambi*
verse *pantun*
very *banyak*
vessel *perahu*
vessel (container) *bekas*
vest *baju dalam, baju kaus (I)*
veterinary surgeon *doktor binatang*
view *pemandangan*
village *kampung*
vinegar *cuka*
violin *biola*
virgin *anak dara, perawan (I)*
visible *nampak*
visit *lawat*
visit (see) *tengok/melihat*
voice *suara*
volcano *gunung berapi*
volume *jilid*
vow *niat*
voyage *pelayaran*

W

wages *gaji*
waist *pinggang*
waist (coat) *weskot*
waist (cloth) *sarung*
wait *nanti*
wait (await) *tunggu*
wait (lie in) *hendap*

waive	*lambai*
wake	*panggil*
walk	*berjalan*
wall	*tembok*
want	*hendak*
war	*perang*
warder	*penjaga penjara*
wardrobe	*almari*
warehouse	*gudang*
wares	*barang*
warm	*panas*
warn	*ingatkan*
warrant	*waran*
wart	*kutil*
wash	*basuh*
wash (cleanse)	*cuci*
washerman	*dobi, menatu (I)*
wasp	*penyengat*
waste	*buang*
watch	*jaga*
watch (a)	*jam*
watchman	*penjaga/pengawal*
water	*air*
water (carrier)	*tukang air*
water (closet)	*bilik air*
water (fall)	*air terjun*
water (to)	*siram air*
water-melon	*tembikai*
watery	*cair*
wave	*ombak*
wax	*lilin*
way	*jalan*
we	*kita*
weak	*lemah*
weapon	*senjata*

weary	*letih*
weather (cock)	*tanda angin*
weave	*tenun*
wedding	*kahwin*
wedge	*baji*
Wednesday	*hari Rabu*
week	*minggu*
weigh	*timbang*
weight	*berat*
weir	*empang*
well	*perigi, sumur (I)*
well (recovered)	*baik*
west	*barat*
wet	*basah*
wharf	*dermaga*
what	*apa*
wheat	*gandum*
wheedle	*kecek*
wheel	*roda*
when	*bila*
where	*mana*
whet	*asah*
whey	*air dadih*
which	*mana*
which (that)	*yang*
while	*sedang*
while (during)	*dalam*
whilst	*sementara*
whip	*cemeti*
whirl	*pusar*
whisper	*bisik*
whistle	*wisel, suling (I)*
whistle (to)	*siul*
white	*putih*

white (man)	*orang putih*
whitebait	*bilis*
whitewash	*kapur*
who	*siapa*
who (whom)	*yang*
whole	*bulat*
wholesale	*borong*
why	*kenapa*
wick	*sumbu*
wicked	*jahat*
wide	*lebar*
widow	*janda*
wife	*bini*
wild	*hutan*
wild (shy)	*liar*
wild (fierce)	*buas*
will	*nanti*
will (a)	*wasiat*
willing	*mahu*
wily	*cerdik*
win	*menang*
wind	*angin*
wind (round)	*lilit*
wind (as watch)	*kunci*
window	*jendela/tingkap*
windpipe	*rengkung*
windward	*bawah angin*
wine	*wine*
wing	*sayap*
wink	*kelip mata*
winnow	*tampi*
winter	*musim sejuk*
wipe	*sapu*
wire	*kawat*
wish	*niat*
wish (for)	*mahu*
with	*dengan*
with (out)	*dengan tiada*
with (togethe)	*sama*
wither	*layu*
witness	*saksi*
woman	*perempuan*
wonderful	*ajaib*
won't	*tak mahu*
wood	*kayu*
wool	*bulu*
word	*perkataan*
work	*kerja*
workman	*tukang*
world	*dunia*
worm	*ulat*
worm (earth)	*cacing*
worn (thin)	*haus*
worn (out)	*buruk*
worship	*sembahyang*
wound	*luka*
wrangle	*tengkar*
wrap, to	*bungkus*
wreck	*kapal pecah*
wrestle	*gusti*
wretch	*celaka*
wring	*perah*
wrist	*buku tangan*
write	*tulis*
writing	*tulisan*
wrong	*salah*

Y

yam	*keladi*
yard	*ela*
yawn	*menguap*
year	*tahun*
yeast	*ragi*
yell	*pekik*
yellow	*kuning*
yes	*ya*
yesterday	*kelmarin (I), semalam*
yet	*tetapi*
yolk	*kuning telur*
you	*engkau/kau*
young	*muda*
young (of)	*anak*
youth	*belia/anak muda, kacung (I)*

Z

zinc	*timah sari*

TIMES LEARN MALAY

Malay in 3 Weeks *by John Parry and Sahari Sulaiman*
A teach-yourself Malay book that enables you to communicate in practical everyday situations.

Malay Made Easy *by A.W. Hamilton*
How to speak Malay intelligibly and accurately.

Easy Malay Vocabulary: 1001 Essential Words *by A.W. Hamilton*
A handbook to enlarge your vocabulary and to ensure effective communication in Malay on a wide range of topics.

Speak Malay! *by Edward S. King*
A graded course in simple spoken Malay for English-speaking people.

Write Malay *by Edward S. King*
A more advanced course on how to read and write good modern Malay.

Learn Malay: A Phrase a Day *by Dr. G. Soosai*
A simple but comprehensive way to learn Malay in 365 days.

Converse in Malay *by Dr. G. Soosai*
A compilation of the highly successful RTM *Radio Lessons* series, a programme which proved both popular and beneficial to thousands of listeners in mastering Malay.

Malay Phrase Book For Tourists *by Hj Ismail Ahmad & Andrew Leonki*
The indispensable companion, it helps tourists in everyday situations in a Malay-speaking world.

Standard Malay Made Simple *by Dr. Liaw Yock Fang*
An intensive Standard Malay language (bahasa Melayu baku) course designed for adult learners with no previous knowledge of the Malay language.

Speak Standard Malay: A Beginner's Guide *by Dr. Liaw Yock Fang*
An easy and comprehensive guide which enables you to acquire fluency and confidence in speaking standard Malay in only 3 months.

TIMES LEARN INDONESIAN

Standard Indonesian Made Simple *by Dr. Liaw Yock Fang with Dra Nini Tiley-Notodisuryo*
An intensive Standard Indonesian language course designed for beginners to gain mastery of the language.

Speak Standard Indonesian: A Beginner's Guide *by Dr. Liaw Yock Fang with Drs. Munadi Patmadiwiria & Abdullah Hassan*
An easy and comprehensive guide which enables you to acquire fluency and confidence in speaking Indonesian in only a few months.

Indonesian In 3 Weeks *by Dr. Liaw Yock Fang with Drs. Munadi Patmadiwiria*
A teach-yourself Indonesian book that enables you to understand what people say to you, and to make yourself understood in everyday situations.

Easy Indonesian Vocabulary: 1001 Essential Words *by Dr. Liaw Yock Fang*
A handbook to enlarge your vocabulary and to ensure effective communication in Indonesian on a wide range of topics.

Indonesian Grammar Made Easy *by Dr. Liaw Yock Fang*
A companion volume to *Easy Indonesian Vocabulary: 1001 Essential Words*, this comprehensive book enables you to learn Indonesian at ease.

Indonesian Phrase Book For Tourists *by Nini Tiley-Notodisuryo*
A handy reference for every traveller, it helps you in everyday situations during your stay in Indonesia.

DICTIONARY/THESAURUS

Times Comparative Dictionary of Malay-Indonesian Synonyms
compiled by Dr. Leo Suryadinata, edited by Professor Abdullah Hassan
For learners of Malay and Indonesian who want to know the differences that exist between the two languages.

Tesaurus Bahasa Melayu *by Prof. Madya Noor Ein Mohd Noor, Noor Zaini Mohd Ali, Mohd Tahir Abd Rahman, Singgih W. Sumartoyo, Siti Fatimah Ariffin*
A comprehensive A–Z thesaurus that enables you to master Malay vocabulary effectively.